아나톨리아의 도시를 만나다

— 튀르키예 이스탄불에서 앙카라까지 —

= 일러두기
1. 이스탄불과 아나톨리아 지역을 설명할 때 사용한 인명과 지명 등은 일괄적으로 통일하지 않고 각 시대와 나라에 맞게 발음하였습니다.
2. 국립국어원 외래어표기법에 준하여 발음하였고 관행상 굳어진 단어는 그대로 따랐습니다.
3. 각주와 본문의 괄호는 이해를 위해 저자가 보충한 것입니다.

유럽의 도시 기행 ❸

아나톨리아의 도시를 만나다

- 튀르키에 이스탄불에서 앙카라까지 -

글/사진 소노스(SONOS)

레겐보겐북스

"그 길은 빛이 쏟아지는 통로처럼 걸음마다 변화하는 세계,
그곳을 여행할 때 그대는 변화하리라."

- 젤랄레딘 루미-

CONTENTS

PROLOGUE

1부 - 두 제국의 도시 이스탄불

ISTALNBUL

파노라마 1453 - 1453년, 이스탄불의 시작	16
테오도시우스 성벽과 골드 혼 - 그래, 우린 지금 이스탄불에 있다	21
히포드럼 - 저 돌들은 자신의 영광을 잊은 적이 없다	27
아야 소피아 - 천상을 향해 열린 공간	34
술탄 아흐메트 자미 - 오스만 건축의 결정체, 블루 모스크	41
쉴레이마니예 자미 - 신성하고 우아한 모스크, 쉴레이마니예 자미	47
보스포루스 해협 - 두 개의 세계와 두 바다를 연결하는 열쇠	55
이스티클랄 거리와 갈라타 탑 - 비극이 될지 희극이 될지 아무도 모른다	66
위스퀴다르의 미마르 시난 지구 - 오스만 황실 여성들의 모스크	73

2부 - 아나톨리아의 도시들

IZMIR

이즈미르의 코낙 광장 - 에게 해와의 만남	92
케메랄트 바자르 - 오스만 실크로드의 종착지	98
바스바네 지역의 아고라 유적지 - 스미르나의 옛 영광	103
셀축 - 아르테미스 신전의 도시	107
에페수스 유적지 - 고대 도시에서 살아난 역사적 상상력	112
스미르나 대화재 - 이즈미르의 역사적 상흔	121
알산작 - 역사의 상처를 딛고 일어선 이즈미르	129

ANTALYA

칼레이치 – 지중해를 품은 안탈리아	142
칼레이치의 모스크들 – 칼레이치 골목에서 길을 잃다	148
안탈리아 올드 타운 – 안탈리아에서 옛 성당을 찾다	152
콘야알트 해변 – 지중해 해변을 걷다	157
문화루트협회 – 안탈리아의 문화를 접하다	162

KONYA

메블라나 박물관 – 메블라나 루미의 도시	172
파노라마 콘야 박물관 – 메블라나 루미의 시대	180
알라엣딘 케이쿠바트 자미 – 튀르키예 셀주크조의 수도	188
콘야 모스크 순례 – 모스크와 에잔의 도시	194
메블라나 문화센터 – 신과의 합일을 향한 몸짓, 세마	201

ANKARA

울루스와 멜리케 하툰 자미 – 튀르키예의 수도	214
아나톨리아 문명 박물관 – 아나톨리아의 문명을 보다	218
아느트카비르 – 튀르키예의 아타튀르크	223
크즐라이 광장과 코자테페 자미 – 앙카라의 1번지	230

EPILOGUE

참고문헌

"이스탄불로 가는 가장 이상적인 방법은 이 도시의 탄생 이후 26세기 동안 그러니까 이 도시가 비잔티움으로 그 다음엔 콘스탄티노플로 불리는 동안 대부분의 여행자들이 그랬던 것처럼 바다로부터 들어가는 것이다."

- 존 프릴리

PROLOGUE

긴 비행 끝에 목적지에 도착한다는 안내방송이 흐르자 고요했던 기내 분위기가 들썩였다. 그동안 지쳐있던 승객들이 모두 작은 창가로 눈길을 돌렸다. 그때 비행기가 방향을 바꾸며 한 쪽으로 기울자 창밖을 바라보던 승객들의 입에서 작은 탄성이 흘러나왔다. 비행기 아래의 지형이 또렷이 보였기 때문이다. 바다로 인해 두 개로 나뉜 도시, 이스탄불이었다.

이스탄불로 들어가는 가장 멋진 방법은 바다, 즉 마르마라 해를 거쳐 보스포루스 해협으로 들어가는 것이다. 이스탄불 할리치 만의 부두를 통해 입성하고 싶었던 우리 역시 비행기를 타고 방문하는 것이 못내 아쉬웠다. 그런데 뜻밖에도 상공에서 이스탄불의 지형을 제대로 보게 될 줄은 몰랐다. 바다를 사이에 두고 마주보고 있는 두 대륙을 보는 순간 튀르키예 여행에 대한 설렘과 기대감이 한층 더 커졌다. 잠시 후 비행기는 이스탄불 국제공항에 도착했다.

아나톨리아Anatolia[1]는 유럽 대륙과 만나는 아시아 대륙의 가장자리에 위치해 인류 문명의 시작부터 수많은 민족들이 거쳐 갔던 곳이다. 고대 히

---

[1] 아나톨리아는 아시아 대륙의 서쪽 끝에 위치한 커다란 반도 지역을 지칭하는 용어로, '동쪽' 혹은 '해가 뜨는 곳'이라는 뜻을 가진 그리스어 '아나톨레'에서 유래했다. 튀르키예어로는 '아나돌루(Anadolu)'이다.

타이트에서부터 페르시아와 고대 그리스와 로마, 비잔티움에 이어 오스만 제국에 이르기까지, 모두 대륙의 경계인 아나톨리아를 제국의 중심으로 삼았다. 더구나 동서양 문명의 교차로에 있어서 때로는 갈등과 대립의 공간, 때로는 화합과 소통의 공간이 되기도 했다. 그래서일까. 이곳은 인류 문명사에 관심있는 사람이라면 누구나 한번쯤 방문하고픈 선망의 장소다.

우리는 아나톨리아 반도의 서부와 중부지역의 주요 도시를 여행할 예정이다. 이 도시들은 역사적으로 각 시대의 중심이 되었던 곳이다. 그래서 튀르키예의 현주소를 찾는 것보다는 과거의 모습을 간직한 도시의 역사지구를 중심으로 둘러보려고 한다. 그리고 되도록 걸어다니며 천천히 눈으로 관찰하고 느끼며 역사적인 의미를 되새겨 보려고 한다.

우선 이스탄불의 유럽 지역과 아시아 지역을 돌아본 후 아나톨리아의 여러 도시를 방문할 계획이다. 도시를 이동할 때에는 아나톨리아의 지형을 살펴보기 위해 낮 시간에 버스를 이용할 것이다. 아나톨리아의 평원과 산맥 등 풍광뿐 아니라 중간에 거치는 작은 마을에 남아있는 풍습 및 생활문화, 그리고 그 속에서 살아가는 사람들의 모습도 반갑게 만나게 될 것이다.

그리고 조금은 낯선 이슬람 모스크를 찾아 나서려고 한다. 튀르키예에서 만나게 될 모스크 역시 유럽의 성당처럼 도시의 역사와 문화 및 전통을 간직하고 있다. 도시의 모든 역량이 집결되는 총체적 예술작품이 바로 모스크이다. 튀르키예에서는 작은 마을에서조차 삶과 문화의 중심을 모스크에 두고 있다.

이스탄불 국제공항에서 도심으로 향하는 동안 어느덧 지평선에 걸린 햇살이 오늘의 마지막 인사를 하며 가라앉았다. 낯선 타국에서 맞이하는 저녁은 여행에 대한 기대만큼이나 불안감도 안겨주었다. 그때 무심결에 창밖을 바라보다 깜짝 놀랐다. 태양이 가라앉은 반대편에서 밝은 보름달이 비추고 있었기 때문이다. 잠깐의 불안감도 싹 가시게 만드는 예쁜 달이었다. 왠지 우리의 여행을 환영해 주는 것 같았다.

어느새 이스탄불 시내로 들어온 버스는 엄청난 교통체증에 시달리다가 탁심 Taksim 광장에 도착해 우리를 내려주었다. 버스에서 짐을 내린 후 거리에 서서 잠시 주위를 둘러보았다. 그리고 이스탄불의 공기를 한껏 들이 마셨다. 그러나 그것도 잠시 거리의 요란한 경적소리와 밀려드는 인파로 인해 여유를 부릴 수가 없었다. 서둘러 숙소를 찾아 걸어가며 혼돈으로 가득한 거리에 첫인사를 건넸다.

메르하바 Merhaba 이스탄불 Istanbul

ISTANBUL

IZMIR

ANTALYA

1부 – 두 제국의 도시 이스탄불

ISTANBUL

- 1453년, 이스탄불의 시작
- 그래, 우린 지금 이스탄불에 있다
- 저 돌들은 자신의 영광을 잊은 적이 없다
- 천상을 향해 열린 공간
- 오스만 건축의 결정체, 블루모스크
- 신성하고 우아한 모스크, 쉴레이마니예 자미
- 두 세계와 두 바다를 연결하는 열쇠
- 비극이 될지 희극이 될지 아무도 모른다
- 미마르 시난이 지은 황실 여성들의 모스크

ANATOLIA 0 – ISTANBUL

> ISTANBUL-1
>
> # 1453년, 이스탄불의 시작
> ## - 파노라마 1453 -

"모든 문명은, 무덤에 있는 사람들처럼, 덧없다.
우리는, 죽은 사람들이 그러하듯이,
시대를 마감한 문명들도 돌아오지 않을 것임을 알고 있다."

- 압둘학 쉬나시 히사르

이스탄불, 도시의 역사

이스탄불Istanbul은 유일하게 두 개의 대륙에 걸쳐 있는 도시다. 두 개의 대륙에 걸친 나라는 종종 볼 수 있지만 도시로 범위를 좁히면 이스탄불만 남는다. 아시아와 유럽을 연결하는 곳인 만큼 역사 속에서도 중심이 되었다. 기원전 660년경 그리스인들이 세운 비잔티온Byzantion에서 시작된 도시의 역사는 크게 세 개의 변곡점을 가지며 오늘에 이르고 있다.

먼저 기원후 330년 고대 로마의 콘스탄티누스 대제가 비잔티움으로 천도한 것이 첫 번째 변곡점이다. 그후 이곳은 '콘스탄티노플Constantinople'로 불리며, 동로마-비잔티움 제국의 수도로서 천년을 호령하게 된다.

두 번째 변곡점은 오스만의 군대가 콘스탄티노플을 함락한 1453년이다. 이때 오스만은 비잔티움 제국을 멸망시키고 제국으로 비상한다. 그리고 이곳은 '이스탄불'로 불리며 오스만 제국의 수도가 되었고 16세기에 이르러서는 세계의 수도임를 자처했다.

마지막 변곡점은 1차 세계 대전에서 오스만 제국이 패배하면서 멸망하고 뒤를 이어 튀르키예 공화국이 건설된 1923년이다. 이때 튀르키예는 수도를 앙카라Ankara로 이전하면서 그동안 이스탄불이 짊어졌던 무거운 짐을 벗겨주었다. 그리고 오늘날 이스탄불은 옛 역사를 간직한 '살아 있는 거대한 박물관' 도시가 되었다. 박물관 도시라고 해서 결코 박제된 도시는 아니다. 지금의 이스탄불은 여전히 북적이며 꿈틀대는, 역동적인 도시이기 때문이다.

이스탄불의 역사는 1453년 비잔티움 제국의 멸망과 함께 오스만 제국의 수도가 되면서 '시작'되었다. 그래서 이스탄불의 첫 여정을 역사박물관 파노라마 1453Panorama 1453으로 삼았다. 파노라마 1453은 파티흐Fatih 역사지구의 중심가에서 북서쪽으로 약간 떨어져 있다. 우리가 머무는 베이올루Beyoğlu 지역의 탁심 광장에서 역사지구로 가려면 할리치Haliç 만[2]을 건너가야 한다. 우리는 트램을 이용하기로 했다.

---

[2] 골든 혼(Golden Horn)으로도 알려져 있지만 이 책에서는 튀르키예어 '할리치 만'이라고 부른다. 다만 비잔티움 제국의 시대를 언급할 때는 골든 혼이라고 명명했다.

탁심 광장은 언덕 위에 위치해 있어서 트램을 타려면 가파른 언덕 아래로 내려가야 한다. 언덕은 경사가 매우 급해서 케이블카 푸니쿨라가 운행되고 있었지만 우리는 구경삼아 천천히 걸어 내려가기로 했다. 거리를 한참 내려가다 보니 언뜻 계단이 보였는데 온통 높은 건물들로 둘러싸여 바다로 이어져 있었다. 그리고 계단을 다 내려가자 드디어 눈앞에 장대한 바다가 펼쳐졌다. 바로 기내에서 보았던 보스포루스 해협이었다. 바다 위에는 크고 작은 배들이 출렁이고 있었다. 보스포루스 해협과의 첫 만남이었다.

카바타쉬 Kabataş 트램 역이 보였다. T1 트램은 갈라타 다리를 건너 술탄 아흐메트 지역을 통과하며 구시가지를 지나간다. 햇볕이 내리쬐는 이스탄불의 12월은 마치 봄과도 같았다. 따뜻한 날씨 속에 트램은 벌써 할리치 만 위에 놓인 갈라타 다리를 건너고 있었다. 그리고 순식간에 구시가지도 지나쳐 갔다.

파노라마 1453

톱카프 Topkapı 역에 내려 플랫폼 밖으로 나오자 오래된 긴 성벽이 보였다. 성벽 앞으로는 큰 공원이 조성되어 있고 가까이에 파노라마 1453이 보였다. 입구로 들어서자 복도 양쪽으로 이스탄불의 역사적 사건과 인물들이 그래픽으로 설명되어 있었다. 파노라마관은 지하 2층에 있었는데 입구에서부터 전투가 벌어지는 소리가 요란하게 들렸다.

긴장된 마음으로 몇 계단을 올라가니 360도 벽면 전체가 그림으로 채워진 파노라마가 펼쳐져 있었다. 비잔티움 제국 최후의 날이자, 오스만이 제국으로 비상하게 되는 바로 그날의 모습이었다. 유명한 8m의 우르반 대포와 수많은 병사들의 항전, 백마를 타고 독려하는 술탄 메흐메트 2세Mehmed II가 보였다. 반대편에는 허물어져 가는 성벽 끝에서 끝까지 저항하며 싸우고 있는 비잔티움의 기사들이 있었다.

전투 소리와 대포 소리, 오스만 군의 군악대 소리가 범벅이 되어 귓가를 울렸다. 마치 그날의 전장에 서 있는 기분이었다. 여기에 그려진 인물들의 수는 자그마치 1만 명이 넘고 모두 제각각 다른 표정을 하고 있다고 한다. 이를 위해 8명의 화가가 3년 동안 그렸다고 하니 실로 엄청난 작품을 마주하고 있는 것이다. 천천히 한 바퀴를 돌며 그림을 살펴보았다. 파노라마에는 마지막으로 성이 뚫리기 직전의 모습이 묘사되어 있었다. 따라서 성을 공격하는 오스만의 입장에서 그려진 전쟁화였다. 그런데 어느 순간부터 점점 오스만의 용맹한 병사들보다 저항하고 있는 비잔티움 병사들에게 더 감정이 이입되는 것을 느꼈다. 수많은 적들의 침입, 무너져가는 방어선, 끝까지 지키고자 항전하는 용사들의 모습에 자꾸만 눈길이 머물렀다. 비잔티움 군사들은 이날의 패전으로 모두 전사했겠지만 그들의 분투가, 그들의 마지막 자존심이 끝내 꺾이지 않았음이 느껴졌다.

극적인 이날의 전쟁은 역사상 큰 획을 긋는 날이었다. 1453년 5월 29일 역사상 최고의 삼중 성벽인 테오도시우스 성벽을 향한 57일간의 파상 공세는 마침내 종지부를 찍었다. 애초에 전쟁이라는 것이 서로 목숨을 걸고 빼앗거나 지키는 걸기이지만 최종 승자가 결정되면 이후의 결과는 참혹하리만치 잔인하다. 승자인 오스만 군대에게는 전통적으로 사흘간의 약탈이 허락되었으나 술탄 메흐메트 2세가 하루 만에 허락을 거둬들였다는 말이 있을 정도로 파괴적이었다. 그렇게 콘스탄티노플은 가라앉았고 술탄 메흐메트 2세는 그 위에 오스만 제국의 수도 이스탄불을 세웠다.

전쟁의 결과는 세계사에도 많은 영향을 끼쳤다. 먼저 이 승리로 인해 점차 세력을 확대하던 오스만은 대제국으로 비상하는 계기가 된다. 그리고 16세기까지 세계의 중심으로 우뚝 서게 되었다. 한편 비잔티움 제국의 멸망과 함께 이곳의 문화와 학문은 유럽으로 유입되어 르네상스를 여는 계기가 되었다. 유럽의 중세는 그렇게 종말을 맞이한다. 또 하나, 오스만 제국의 기세에 눌린 유럽은 이후 지중해까지 포기하게 되면서 대서양으로 눈을 돌려 대항해 시대를 열었고[3], 마침내 신대륙을 발견하기에 이른다. 역사의 실타래는 그렇게 풀려서 흘러갔다.

---

3 오스만의 콘스탄티노플 진출은 종래의 동서 교역로를 차단했다기보다 오히려 유럽이 동방문화권과 직접 접촉함으로써 동방의 문화를 급속도로 받아들이게 되었고 르네상스가 시작되었다는 것이 더 설득력을 얻고 있다. 그리고 포르투갈과 에스파냐의 신항로의 개척의 가장 큰 원인은 이탈리아 상인들이 '지중해-홍해-인도양'을 통한 동방 무역의 이익을 독점했기 때문이었다고 지적한다. 이희수, 〈인류본사〉, 휴머니스트, 2022

ISTANBUL-2

그래, 우린 지금 이스탄불에 있다
- 테오도시우스 성벽과 골드 혼-

> "이윽고 술탄이 터번과 하늘색 장화 차림으로 손에는 마호메트의 칼을 들고 노새를 타고 칠팔 만의 무슬림 영웅들을 거느리고 행진해 들어오며 외쳤다. 정복자들이여, 멈추지 마라! 신을 찬양하라! 그대들은 콘스탄티노플의 정복자들이다!"
>
> – 에울리야 첼레비

테오도시우스 성벽

파노라마 1453을 나와 보니 눈앞에 성벽이 보였다. 바로 비잔티움 제국을 마지막 날까지 지켜 주었던 테오도시우스 성벽Theodosius walls이었다. 성벽은 저 멀리까지 길게 이어져 있었다. 당시의 성벽이 아직도 남아 있는 게 믿기지 않았다. 그러니까 아까 내린 역 이름이 톱카프Topkapı 역이었는데, 우리말로 '대포문'이다. 즉, 이곳은 당시 우르반 대포의 공격이 있었던 곳이다. 성문은 북쪽으로 조금 더 가야 있다. 당시 성문의 이름은

ISTANBUL 21

'성 로마누스Romanus의 문'이었는데 나중에 톱카프로 바뀌었다. 여기는 오스만 주력부대의 공격으로 공방전이 가장 치열했던 곳이다. 최후에 비잔틴 황제 콘스탄티누스 11세도 이 근처에서 전사했다고 전해진다. 이제야 파노라마 1453이 왜 이곳에 있는지 알 것 같았다.

도시 콘스탄티노플은 두 면이 각기 마르마라 해와 골드 혼을 마주하고 있는 직삼각형의 뿔 모양이다. 테오도시우스 2세 때 완성된 성벽은 총길이가 22.5km로 바다를 접한 두 면에는 한 겹의 성벽을 쌓았고, 문제가 되는 육지 쪽은 삼중으로 성벽을 쌓았는데 그 길이만도 6km에 이른다. 이 삼중 성벽은 해자-흉벽-외성벽-내성벽으로 구성되어 있고 흉벽에서 내성벽으로 점차 성벽이 높아진다. 그리고 내성벽 사이에는 96개의 높은 망루가 있어 공격력을 극대화했다. 또한 벽과 벽 사이에는 공간이 있어 수비 시에는 방어하는 공간이지만 적이 침범해 들어오면 오히려 갇히게 되는 곳이 된다. 이렇다 보니 이전까지는 한 번도 뚫린 적이 없었다. 물론 앞서 13세기 초 제4차 십자군이 기수를 돌려 이곳을 점령하기 했지만, 그때는 여기가 아니라 해안 성벽으로 군대가 난입했다. 그런데 1453년, 결국 이 전투에서 성벽은 뚫리고 말았다.

사실 이전에도 오스만 군대는 몇 번이나 공격했었지만 철옹성 같은 성벽 앞에서 그들의 공격은 번번이 좌절되었다. 결국에는 이곳을 건너뛰고 발칸 반도로 진출해서 그곳 대부분의 지역을 차지하였다. 그러니까 당시 비잔티움 제국의 영토는 콘스탄티노플과 그리스의 펠로폰네소스 반도만 남고 거의 소실된 상태였다. 제국의 흥망성쇠는 어디에나 있는 법이지만, 이때의 비잔티움 제국은 쇠락하여 끝을 향해 가고 있었다.

반면 오스만의 입장에서 눈앞의 콘스탄티노플은 반드시 점령해야 할 도시였다. 특히 새롭게 자리에 오른 젊은 술탄에게는 피할 수 없는 도전이었다. 그것은 콘스탄티노플의 전략적 위치와 비잔티움 제국의 수도라는 상징적 지위가 아주 중요했기 때문이었다. 즉 보스포루스 해협은 그 당시에도 해상 무역로의 중심이자 실크로드의 종착지였다. 무엇보다 유럽으로 가는 길목이어서 당연히 부가 축적되는 곳이였다. 또한 비잔티움 제국이 아무리 명맥만 남았다고 해도 그곳을 지배하는 이는 황제였다. 당시 유럽에서 로마의 정통성을 잇는 황제는 비잔티움 제국의 황제뿐이었다. 그래서 그 황제를 꺾는다는 것은 굉장히 중요하고도 상징적인 일이었다. 오스만 역시 선대부터 그렇게나 차지하려고 했지만 실패했던 곳을 만일 함락시킨다면 젊은 술탄의 입장에서는 자신의 입지를 탄탄하게 할 기회가 될 것이다. 하지만 당시 오스만 내부 보수층에서는 이 전쟁을 그다지 탐탁지 않게 생각했다. 실제로 전쟁이 길어지자 내부적으로 중지하자는 분위기가 돌 정도였다.

여기서 극적인 건, 1453년 5월 29일의 오스만의 총공세가 어쩌면 오스만의 마지막 공세였을지도 모른다는 점이다. 젊은 술탄이 내릴 수 있는 마지막 공세! 그리고 더욱 극적인 건, 방어하는 비잔티움 제국의 수비대도 그걸 알았다는 것이다. 이날의 공세를 보면 오스만 군대는 새벽부터 시작해 해가 밝을 때까지 세 부대가 차례로 총공격을 감행했다. 오랜 전투로 지칠 대로 지친 건 방어하는 부대만이 아니었다. 공격하는 오스만 군대도 지쳐 있었던 것이다. 하지만 그들이 이렇게 총공세를 편다는 건 성벽에서 지키는 일개 병사들도 눈치를 챌 수 있는 일이었다.

'마지막 공격이구나. 이 공세를 막기만 한다면 …'

그렇지만 운명의 여신은 오스만의 손을 들어주었다. 낮까지 지속된 공격에서 비잔티움 수비대를 지휘하던 제노바인 용병 대장 주스티니아니$^{Giovanni\ Giustiniani\ Longo}$가 갑자기 날아온 파편에 부상을 입었다. 부하들이 그를 후방으로 옮겼는데, 수비를 이끌던 대장과 부하들이 한꺼번에 전선에서 이탈하자 비잔티움의 수비 진영은 곧바로 흐트러졌다. 설상가상으로 치열한 공방 중에 성벽 작은 문틈으로 침입한 오스만 병사 하나가 성벽 높은 탑에서 오스만 깃발을 휘날렸다. 비잔티움 병사들은 서둘러 그를 죽이지만 이미 때는 늦었다. 그 깃발을 본 오스만 군대는 사기가 오르고 반대로 온 힘을 다해 지키던 비잔티움 병사들은 성벽이 뚫렸구나 생각하고 좌절하고야 말았다. 마지막까지 전선 앞에서 맹렬히 싸우던 비잔티움 제국의 황제 콘스탄티누스 11세$^{Constantine\ XI\ Palaiologos}$는 말했다. "성은 함락되었지만 나는 여전히 살아있구나!" 그는 황제 표식을 떼버리고 적진에 뛰어들어 장렬히 전사했다. 한편 성이 함락되는 것을 보며 배로 탈출하던 용병대장 주스티니아니도 본국으로 돌아가던 도중 선상에서 사망했다.[4] 파노라마관에서 용맹하게 싸우던 비잔티움 전사들에게 감정이입이 된 이유를 이제야 알 것 같았다. 그건 끝까지 싸운 패자들에 대한 강한 연민이었다.

성벽을 오르는 좁은 계단이 보여서 성벽 중간 단까지 올라가 보았다. 그날의 상흔인지 세월의 흔적인지 성벽은 드문드문 손상되어 있었다. 성벽을 손으로 만지며 그날을 생각해 보았다. 잠시동안 비잔티움 제국의

---

[4] 역사적인 이 전투를 다룬 책들이 많이 있지만, 그중 로저 크롤리의 《비잔티움 제국 최후의 날》, 존 줄리어스 노리치의 《비잔티움 연대기3 : 쇠퇴와 멸망》, 시오노 나나미의 《콘스탄티노플 함락》, 스티븐 런치만의 《1453 콘스탄티노플 최후의 날》에서 이날의 극적인 장면을 찾아볼 수 있다.

입장에 서서 안타까워했지만 그렇다고 딱히 누구의 편을 응원하려던 건 아니었다. 전쟁은 역사 속에서 때로는 영광이 되고, 때로는 치욕이 되기도 하지만, 그것은 다만 위정자들에게만 해당된다. 우리 같이 평범한 이들에게는 전쟁이란 없다. 단지 광폭한 전쟁터만이 있을 뿐이다. 전쟁터에는 폭력으로 인한 상처 아니면 죽음만이 있다. 그것이 전쟁이 없어져야 하는 이유 중 하나다. 그런 심란한 마음을 아는지 모르는지 길게 이어진 성벽 저편엔 거대한 붉은색 터키 깃발이 흩날리고 있었다.

에미뇌뉴 항구

트램 T1을 타고 돌아가는 길에 에미뇌뉴Eminönü 역에 내렸다. 트램 역에 내려 밖으로 나오니 바로 바다가 보였다. 왼쪽으로 보이는 다리가 갈라타 다리이고, 그 아래로 흐르는 것이 한때 골드 혼이라고도 불렸던 할리치 만이다. 그리고 오른쪽에 있는 큰 바다가 바로 유럽과 아시아를 가르는 보스포루스 해협이다.

1453년 전쟁에서 오스만 군대는 바다로도 공격을 감행했지만 뚫지 못했다. 비잔티움 해군이 수적으로는 소수였지만 오스만 해군보다 실력이 월등했다. 더욱 중요했던 건 골든 혼 입구를 쇠사슬로 연결해 공격을 막았기 때문이다. 그래서 메흐메트 2세는 특단의 조치를 취한다. 골든 혼 안쪽으로 들어가기 위해 하룻밤 사이에 갈라타 언덕으로 배를 넘긴 것이다. 불의의 습격을 받은 비잔티움 수비대는 그렇지 않아도 부족한 병력을 총동원해 배치해야 할 정도로 타격을 입었다. 하지만 그때 오스만은 끝내 이곳을 뚫지 못했다.

눈앞에 골든 혼의 입구를 봉쇄했던 장소가 보였다. 건너편 카라쾨이 Karaköy, 즉 옛 갈라타 Galata 지역과 쇠사슬을 연결했던 모습을 상상해보니 과연 이곳의 지형이 절묘하다는 생각이 들었다. 그러다 문득 갈라타 다리 위에 있는 낚시꾼들을 보자 절로 웃음이 나왔다. 그리고 하루 종일 빠져있던 역사적 몽상에서 깨어났다.

갈라타 다리를 건너며 다시 한 번 언덕 위 갈라타 탑과 할리치 만을 바라보았다. 뒤를 돌아보니 늦은 오후로 접어든 구시가지 파티흐 Fatih 지역이 눈앞에 펼쳐졌다. 오른쪽 언덕 위에는 쉴레이마니예 모스크가 보이고 왼쪽으로 톱카프 궁전과 아야 소피아의 돔이 지는 햇살에 반짝였다. 그리고 더 멀리로는 보스포루스 해협과 건너편 아나톨리아 지역도 보였다. 여행의 첫날, 그동안 책에서만 보던 역사적 현장을 실제로 보고 있으니 감동과 전율이 몰려왔다. 갑자기 가슴이 벅차오르는 것을 느낄 수 있었다.

"그래, 우린 지금 이스탄불에 있다!"

ISTANBUL-3
저 돌들은 자신의 영광을 잊은 적이 없다
- 히포드럼-

> "야심은 고개를 돌려 이집트 오벨리스크를 바라봤다.
> 차갑고 냉담하고 운명에 초연한 듯이 보였다.
> 로마의 기둥은 상투적인 표현에 불과했다. 제국은 쇠퇴한다."
> - 제이슨 굿윈

콘스탄티노플의 히포드럼

이스탄불 하면 떠오르는 곳 중 하나는 아야 소피아일 것이다. 비잔티움 제국 때 성당으로 지어졌지만, 오스만 제국 때 이슬람 모스크로 용도가 바뀌었다. 튀르키예가 건국되었을 때는 박물관으로 바뀌어 두 종교가 공존하는 건축물, 즉 종교적 화합의 상징으로 늘 회자되는 곳이다. 하지만 2020년 7월, 튀르키예 정부는 아야 소피아를 다시 모스크로 용도를 변경해서 세계 각지의 공분을 샀다. 이곳은 지금도 진행되는 이스탄불 역사 아니, 튀르키예 역사의 바로미터다.

아야 소피아는 우리를 이스탄불로 이끌었던 이유 중 하나다. 그리고 이번 여행의 테마가 되는 모스크 건축 탐방도 아야 소피아로부터 시작되었다. 아야 소피아는 정교회 성당에서 모스크로 개축되었다. 얼마나 대단했으면 콘스탄티노플이 함락될 때 파괴하지 않고 오히려 다른 종교의 사원으로 쓰일 수 있었을까. 또한 아야 소피아는 건축가 미마르 시난에 의해 둥근 돔과 미나레트라는 오스만 고전 건축양식이 완성되는 데에 큰 영향을 주었다. 얼마나 훌륭했으면 오스만 제국 최고의 건축가가 아야 소피아를 넘어서겠다는 목표를 삼았을까.

구시가지의 중심지인 '술탄 아흐메트 지역'으로 갔다. 주위에는 톱카프 궁전, 아야 소피아, 블루 모스크, 히포드럼, 예레바탄 사라이, 이스탄불 고고학 박물관 등 여러 명소들이 모여 있다. 술탄 아흐메트 역에서 내리자마자 아야 소피아와 블루 모스크의 돔과 미나레트가 보였다.

먼저 술탄 아흐메트 광장Sultanahmet Meydani에 서자 눈앞에는 블루 모스크가 우뚝 서있고 멀리 아야 소피아의 정면이 보였다. 이 광장은 비잔티움 시대에 전차 경주장이던 히포드럼Hippodrome이었다. 로마시대의 옛 지도를 보면 뚜렷하게 보일 정도로 굉장히 거대하게 조성된 전차 경주장이었는데, 오스만 제국의 수도가 되면서 허물어지고 터만 남게 되었다. 광장에는 두 개의 오벨리스크가 거리를 두고 서 있는 것이 보였다.

로마시대의 전차 경주장은 단순히 여흥의 장소만이 아니었다. 문화를 향유하고 정치 토론이 이루어지던 장소이기도 했다. 전차 경주가 열리는 날이면 황제는 자신의 권위와 정통성을 드러낼 수 있었고 시민들은 황제를 만날 수 있었던 드문 기회였다. 그러다보니 시민들은 이 자리에 모여 황제에 대해 불만을 드러내거나 폭동을 일으키기도 했다.

로마시대의 전차 경주는 네 마리의 말이 끄는 전차 경주로, 원래 네 개 팀이 벌이는 경주였는데 비잔티움 제국으로 넘어오면서는 두 개 팀으로 줄었다. 팀은 녹색과 파란색의 유니폼으로 나누어 경주를 벌였는데 이는 각각 녹색당과 청색당이라는 정치적 성격의 파벌로 이어졌다. 현대의 정당과 비슷했던 이들은 제국의 정치에서 무시하지 못할 세력이었다. 황제도 이들 파벌을 정치적으로 잘 활용해 이끌고 나가야 할 정도였다. 그런데 유스티니아누스 대제가 모두를 힘으로 누르는 정책을 시행하자 불만을 가진 두 당이 합심하여 히포드럼에서 반란을 일으켰다. 그때 황제를 향해 외쳤던 구호가 '니카(이겨라)!'였기 때문에 니카 폭동Nika riots이라고 불렸다. 결국 이 여파로 옛 하기아 소피아가 불에 타 무너지고 말았다. 오늘날 우리가 보는 아야 소피아는 이때 새롭게 지어진 것이다.

로마시대에 전차 경주장은 여러 도시에 건설되었는데 그중 대표적인 곳이 콘스탄티노플의 히포드럼이었다. 히포드럼의 길이는 약 450m, 너비가 130m 정도였고 스탠드에는 약 10만 명의 관중을 수용할 수 있었다. 당시 콘스탄티노플의 인구가 50만 명 정도였다고 하니 규모가 얼마나 대단한지 알 수 있다. 콘스탄티누스 대제는 당시 로마에 있던 전차 경주장인 키르쿠스 막시무스Circus Maximus를 염두에 두고 이 히포드럼을 건설했다고 한다. 전체적인 모습은 타원형이 아니라 U자형 구조인데 오늘날로 보자면 아야 소피아 방면이 전차의 출발점이고 두 개의 오벨리스크가 세워진 곳이 경주장 트랙의 안쪽 부분에 해당한다. 지금은 광장이 되었지만 우리는 옛 경기장을 생각하며 한 바퀴 둘러보았다. 경기장의 규모도 대단했을 테지만 질주하는 전차들과 관중의 함성을 상상하니 갑자기 가슴이 뛰었다.

오벨리스크

오벨리스크Obelisk는 원래 고대 이집트의 파라오를 기리기 위해 세워진 기념물이다. 로마시대에는 오벨리스크를 제국의 중요한 도시에 세우는 것이 전통이었다. 웅장한 오벨리스크가 그 도시와 지배자의 권위를 상징적으로 드러내 주었던 셈이다. 설마 그 정도일까 싶었는데 막상 오벨리스크 앞에서 보니 생각보다 거대하고 상당히 압도적이었다.

먼저 테오도시우스 오벨리스크Obelisk of Theodosius는 고대 이집트 파라오 투트모세 3세 오벨리스크Obelisk of Thutmose III로 테오도시우스 황제에 의해 세워져서 그의 이름으로 명명되었다. 원래는 이집트 룩소르Luxor의 카르나크Karnak 신전에 있었던 것이다. 오벨리스크의 주인공인 투트모세 3세는 대규모 정복 사업으로 이집트의 영토를 최대로 넓힌 왕이었다. 그래서 이 오벨리스크에 새겨진 문구도 투트모세 3세의 승리를 칭송하는 글이다. 이집트 파라오의 승전 기념탑이 비잔티움 제국의 수도에 세워진 게 이상했지만, 당시의 로마 황제는 거대한 오벨리스크를 옮겨와 세우는 일종의 정치적 퍼포먼스를 원했을 것이다.

애초에 이 오벨리스크는 높이가 약 35미터이나 되는 화강암 기둥이었으나 운송하는 도중에 파손되어 약 20미터의 상층부만 남았다. 당시 주위에 있던 다른 기둥에 비해 낮아서 아래에 대리석 기단을 놓아 높였다고 하는데 오벨리스크 아래를 보니 대리석 기단과 청동 받침으로 굳건히 받쳐져 있었다. 대리석 기단에는 테오도시우스 황제가 전차 경주를 관람하는 모습도 부조로 새겨져 있다. 그리고 그 아래에 보이는 라틴어 비문은 오벨리스크를 세울 당시의 상황을 글로 남긴 것이다.

뒤편에 있는 오벨리스크로 이동하는 중에 또 하나의 유적을 만났다. 바로 뱀기둥Serpent Column이었다. 멀리서는 눈에 잘 띄지 않았다. 이 기둥은 기원전 5세기 그리스가 본토에서 페르시아를 완전히 밀어낸 플라타이아이Plataiai 전투에서의 승리를 기념하기 위해 제작되었다. 높이 8미터의 이 청동 기둥은 원래 그리스 델포이의 아폴론 신전에 있던 것인데 콘스탄티누스 대제가 이곳으로 가져와 히포드럼을 장식했다. 이 기둥에 쓰인 청동은 플라타이아이 전투에서 패배한 페르시아 군의 방패와 무기를 녹여 만든 것이다. 청동 기둥 꼭대기에는 각각 다른 방향을 바라보는 세 마리의 뱀이 황금 그릇을 받치고 있었다고 한다. 지금은 기둥 상단의 1/3이 잘린 채 기둥만 남아 있으며, 잘린 뱀 머리 조각 중 하나는 현재 이스탄불 고고학 박물관에 있다. 뱀기둥에 대한 이야기는 제이슨 굿윈의 소설에 잘 그려져 있다. 환관출신인 야심의 친한 친구로 나오는 전 폴란드 대사 팔레브스키가 잘린 뱀기둥의 머리를 고이 간직하고 있었다.[5]

마지막으로 만난 콘스탄틴 오벨리스크Constantine's Obelisk는 원래 천연 벽돌을 쌓아 만든 기둥으로 오래전부터 있었는데, 10세기 콘스탄틴 7세가

---

[5] "폴란드 대사관에서 팔레브스키가 술에 잔뜩 취해 놀라운 진실을 속삭이던 일이 떠올랐다. 촛불을 켜 들고 낡고 큰 옷장 속을 뒤졌더니 고대 세계의 경이로움이었던 뱀의 대가리 세 개 중 두 개가 먼지가 뽀얗게 앉은 이불 더미 위에 있었다. 1세기 전에 폴란드 대사의 수행원이던 청년들이 술에 취해 기둥에서 잘라낸 이후로 아무도 건드리지 않은 것이다."
- 제이슨 굿윈, 《환관탐정 미스터 야심》, 비채, 2007

이를 복원하면서 그 위에 금동판을 덮어 씌웠다고 해서 그의 이름이 붙었다. 그래서인지 당시에 오벨리스크는 황금처럼 빛나는 이미지를 지니고 가졌다고 한다. 하지만 그런 영광은 오래가지 않았다. 1204년에 오벨리스크를 감싼 금동판은 콘스탄티노플을 침공한 4차 십자군에게 약탈당해 뜯겨 나갔다. 더구나 오스만 제국 시기에는 정예부대였던 예니체리의 젊은 병사들이 서로 기량을 뽐내기 위해 오벨리스크를 맨몸으로 오른 일도 있었다고 한다. 그런 고역을 겪어서인지 오벨리스크는 여기저기 손상된 모습이었다. 그렇지만 32미터의 우뚝 솟은 높이만큼은 옛 영광을 드러내고 있었다.

콘스탄틴 오벨리스크를 마지막으로 광장 끝에 다다랐다. 광장은 여기에서 끝나지만 자료를 보면 히포드럼의 중앙에 해당된다. 다시 뒤돌아 광장을 바라보면서 역사를 되짚어 보았다. 히포드럼의 전차 경기를 종식시킨 것은 4차 십자군의 침입이었다. 그들의 약탈과 방화로 황폐해지며 전차 경주는 막을 내렸다. 뒤를 이어 콘스탄티노플을 차지한 오스만도 히포드럼의 전차 경주에는 별로 관심이 없었다. 그래서일까, 오스만인들은 이곳에 남아있던 것을 모조리 뜯어 주변의 건축물을 짓는 재료로 사용했고, 결국 오늘날 기념비만 남게 되었다. 오스만 시대에도 히포드럼의 넓은 터는 없어지지 않고 시장이나 축제의 장소로 이용하거나 군사훈련의 장소로 사용되었다. 그리고 오늘날에는 바로 옆 모스크의 이름을 따서 '술탄 아흐메트 광장Sultanahmet Meydanı'이 되었다.[6]

잠시 눈을 감고 옛 전차 경주대회를 상상해보았다. 그날의 숨 막히는

---

6 오스만 시대에는 이곳을 '말 광장'이라는 뜻의 '아트메이단(Atmeydan)'이라고 불렀다.

경주와 시민들의 열렬한 환호 소리가 들리는 듯했다. 하지만 눈을 떴을 땐 모든 건 사라지고 오직 기념비만이 남아 그때를 증언하고 있었다. 과거의 영광은 떨어지는 꽃잎처럼 허무함만이 남는 것인가. 아니다. 이곳을 장식했던 돌들은 아마도 오스만 시절부터 이어 내려온 카페나 목욕탕 또는 여러 상점들의 주춧돌이 되어 오늘도 빛나고 있을지 모른다.

"저 돌들은 자신들의 영광을 잊은 적이 없다."

ISTANBUL-4

천상을 향해 열린 공간
- 아야 소피아 -

> "하느님이 종을 울리네, 대지가 종을 울리네, 하늘이 종이 되어 우네,
> 성스러운 지혜, 대성당이 소식을 알리네, 400개의 울림판과 260개의 종으로…
> 세월이 지나 때가 되면 모두 되찾으리니."
> - <하기아 소피아에서의 마지막 미사>

아야 소피아의 역사

아야 소피아^{Ayasofya}[7]를 향해 걸었다. 사실 조금 전에 히포드럼에서 가까운 블루 모스크를 먼저 보려고 갔더니 마침 금요 예배시간이어서 출입을 막았다. 예배를 드리는 시간은 당연히 존중해 주어야 한다. 우리는 계획을 변경해 아야 소피아를 먼저 보기로 했다.

---

[7] 아야 소피아(Ayasofya)는 원래 비잔티움 제국 시기의 이름인 '하기아 소피아(Hagia Sophia)'의 튀르키예 명칭이다. '성스러운 지혜'를 의미하며, 우리나라에서는 '성 소피아 성당'으로 부르기도 한다. 여기서는 비잔틴 제국 시기를 언급할 때에만 '하기아 소피아'로 칭하기로 하고, 나머지는 오늘날의 명칭인 아야 소피아로 통일해서 부르기로 한다.

아야 소피아와 블루 모스크 사이에는 커다란 분수대와 꽃들로 조성된 예쁜 공원이 있다. 특별히 이곳에 관광객들이 많은 이유는 두 건축물이 서로 마주보고 있기 때문이다. 앞에는 비잔티움 건축의 결정체인 아야 소피아가 있고 뒤에는 오스만 건축의 최고 작품인 블루 모스크가 그림같이 서 있었다.

아야 소피아, 당시 하기아 소피아Hagia Sophia는 대화재로 인해 여러 차례 재건축되었다. 오늘날 우리가 보는 건축물은 세 번째 재건된 것으로 비잔티움 제국의 가장 위대한 황제였던 유스티아누스 대제 시절에 건설되었다. 하기아 소피아가 화재로 소실되게 된 것은 앞서도 얘기했던 니카 폭동때였다. 니카 폭동을 진압한 후 화재로 소실된 하기아 소피아를 복구하기 위해 유스티니아누스 황제는 이전의 성당과는 비교할 수 없을 정도로 거대하고 화려한 성당을 건축하도록 명령했다. 워낙 신심이 두터웠던 황제였기도 했지만 폭동을 진압한 후 실추된 권위를 다시 세우고 싶은 마음도 없지 않았을 것이다. 그래서 성당 건축의 설계와 감독을 기하학자와 수학자에게 맡겼다.[8] 그만큼 하기아 소피아는 이전에 볼 수 없었던 새로운 성당 건축을 기대케 했다. 그리고 성당 건축을 위해 비잔티움 제국 전역에서 건축물의 기둥과 대리석이 공출되어 하기아 소파아의 기둥과 벽으로 다시 세워졌다. 이런 노력의 결과로 인해 건축 기간이 6년이 채 되지 않은 537년에 기적적으로 완성되었다.[9] 그리고 완성된 하기아 소피아를 보고 감격한 나머지 유스티니아누스 황제는 자신이

---

[8] 수석 건축가는 트랄레스 출신의 안테미우스로 당대 최고의 기하학자였으며, 아테네에서 플라톤학파의 수장을 지낸 밀레투스 출신의 수학자 이시도루스가 그를 도왔다.
[9] 당시 건축 수준으로 보면 엄청나게 짧은 기간 안에 건설된 것이다. 이는 당시 로마를 포함하여 제국 전역에서 기둥과 대리석들을 공출할 수 있었고, 또한 100명의 공사감독, 1만 명의 노무자가 동원되었기 때문에 가능했다. 박인석,《건축 생산 역사1》, 마티, 2022

솔로몬 왕을 능가했다는 유명한 말을 남겼다.[10] 하지만 성당은 건축학적인 문제로 인해 균열이 발생했고 또 잇따른 지진과 화재로 인해 건물의 보수와 복원 작업이 반복되었는데, 오늘날까지도 계속되고 있다. 그럼에도 하기아 소피아의 거대한 돔과 내부의 화려한 모자이크는 비잔티움 건축의 상징이 되었다.

1453년 콘스탄티노플은 함락된다. 그러나 비잔티움 제국의 멸망이라는 격랑 속에서도 하기아 소피아는 운 좋게 살아남았다. 다만 기독교 성당에서 이슬람교의 모스크로 용도가 변경되었고 명칭도 '아야 소피아'로 바뀌었다. 내부에는 메카 방향을 향해 미흐랍이 새롭게 설치되었고, 기존의 기독교 성화들은 모두 회벽으로 덮였다. 그리고 모스크 주위로 4개의 미나레트가 차례로 세워졌으며 돔 맨 위에는 십자가 대신 황금 초승달이 놓이면서 이슬람 사원임을 분명히 했다. 그런데 흥미로운 것은 비잔티움 건축에 이슬람적 요소가 가미된 아야 소피아는 이후 오스만 건축의 전형이 되었다는 점이다. 그리고 그 절정은 블루 모스크다.

아야 소피아의 건축 구조

아야 소피아 입구에는 많은 관광객들이 줄지어 서 있었다.[11] 한참 만에 아야 소피아 안으로 들어가자 맨 먼저 거대한 나르텍스Narthex가 나왔다. 나르텍스는 본당의 입구에 있는 로비 공간으로 아야 소피아의 규모를

---

10 "오 신이시여, 저를 이토록 아름다운 작품을 완성하게 하시며, 솔로몬 왕을 능가하는 소중한 존재로 쓰심을 감사하나이다." 타임라이프 북스, 《음모와 반역의 천년제국》, 가람기획, 2004
11 여행할 당시는 아야 소피아가 박물관에서 모스크로 바뀌기 바로 전이었다. 모스크로 변경된 후 입장료를 받지 않다가 2024년 1월부터 관광객에 한해 입장료를 부과하고 있다.

짐작할 수 있을 만큼 넓고 높았다. 본당은 어떨지 기대감이 커졌다. 나르텍스의 가운데에 있는 '황제의 문'을 통해 안으로 들어갔다.

본당의 넓은 공간 위로 강렬한 햇살이 쏟아지고 있었다. 하지만 역광이어서 내부 아래쪽은 더 어두웠는데, 오히려 그것이 더 신비롭게 느껴졌다. 본당의 가운데를 향해 가며 어둠에 서서히 익숙해지자 우리의 시선은 자연스럽게 위쪽을 바라보게 되었다. 그 순간 '아!' 하는 탄성이 저절로 나왔다. 아야 소피아는 천상을 향해 열려 있었다. 그것도 우리가 상상해왔던 것보다 훨씬 더 거대하고 웅장한 공간이었다. 숭고미. 만일 그것이 대상에 압도되어 도저히 말로 표현할 수 없을 정도의 미적 감정을 말하는 것이라면, 우리가 지금 느끼고 있는 감정일 것이다. 잠시 동안이었지만 강렬하고 고양된 감정이었다. 잠시 숨을 고르면서 공간이 주는 신성함에 한동안 몸을 맡겼다.

마음을 가라앉히고 천천히 본당 안을 살펴보았다. 천장은 거대한 중앙 돔을 중심으로 양옆에 붙은 두 개의 반원형의 세미 돔, 그리고 그 옆으로 붙은 여러 작은 돔으로 퍼져나갔다. 중앙 돔 아래에는 작은 창문들이 테두리를 따라 원을 이루고 있었다. 천장에서 내려와 실내를 밝히고 있는 수평의 샹들리에 불빛은 매우 신비로웠다. 실제로 성당 위의 창들을 통해 들어온 햇살은 아래로 내려올수록 약해져 주위가 어두웠지만, 샹들리에 불빛이 지면을 밝혀 주고 있었다. 마치 천상의 신성함이 지상에 살포시 내려앉은 듯한 불빛이었다. 이 공간에 들어 온 이는 누구라도 천상의 창조주에게 경외감을 느낄 듯했다.

아야 소피아의 건축구조를 살펴보았다. 비잔티움 건축을 대표하는 아야 소피아의 핵심은 역시 거대한 중앙 돔이었다. 사실 건축의 역사는 한마디로 지붕 덮는 기술의 발달사라고도 볼 수 있는데, 그중 돔은 서아시아의 영향을 받은 비잔티움 건축의 특징이다. 넓은 내부 공간을 제공해주는 돔은 건축적으로 쉬운 공법이 아니다. 공간을 넓게 만들려면 돔의 크기를 크게 만들어야 하는데, 그렇게 되면 돔의 무게가 커져 엄청난 하중과 함께 밖으로 퍼지는 횡압이 발생하게 되기 때문이다. 비단 돔뿐만 아니라 모든 지붕에서 발생하는 문제여서 고대 로마시대부터 이를 견디기 위해 벽을 두껍게 만들었다. 특히 직경이 31미터나 되는 아야 소피아의 돔을 지탱하는 거대한 기둥의 두께는 7.6미터에 이른다. 뿐만 아니라 사각평면에 둥근 돔을 얹어야 하는 문제도 뒤따랐다.[12] 이를 위해 아야 소피아는 펜덴티브 돔 Pendentive Dome 구법으로 축조되었다. 펜덴티브 돔 구법은 사각형 평면에 세워진 네 개의 아치들 사이에 삼각 형상의 곡면인 펜덴티브를 채운 후, 네 개 아치의 정점을 이어 만든 원형 테두리 위에 돔을 얹은 방식이다. 실제로 중앙 돔을 보면 그 아래 네 모서리에 천사상이 그려진 삼각형 모양의 곡면을 볼 수 있는데 그게 바로 펜덴티브다. 아야 소피아의 경우 거대한 돔이어서 펜덴티브 역시 거대했다. 이렇게 본다면 아야 소피아의 거대한 공간은 돔과 아치가 빚어낸 이중주라 할 수 있을 것이다.

그렇지만 돔과 아치만으로 아야 소피아의 경이로움을 해명하기에는 뭔가가 부족하다. 그렇다, 그것은 바로 천장을 수놓은 수많은 창문들이다. 아야 소피아에는 중앙 돔 하부에 원형 테두리를 따라 40개의 창문이

---

12 '하늘은 둥글고 땅은 네모나다'라는 그리스도교의 우주관에서 비롯되었다. 이희수, 《터키 박물관 산책》, 푸른숲, 2015. 거대한 돔이라고 하면 로마의 판테온을 생각하지만, 판테온은 돔을 지탱하는 벽면이 돔의 구형에 따라 원형으로 되어 있다.

있고, 북쪽과 남쪽의 거대한 아치 벽면에는 12개의 큰 창문이, 세미 돔과 그 아래 부속 돔 하단에도 작은 창문들이 있다. 여기로 들어온 햇살이 돔과 아치로 구성된 거대하고 웅장한 공간을 신비롭게 비춰주고 있는 것이다. 인간이 만든 건축물이 자연과 만나 경이로운 순간을 창조해 낸 결과다.

비잔티움 건축의 특징은 거대한 돔만이 아니라 내부 공간을 장식하는 화려한 모자이크 그림도 있다. 하지만 오늘날 아야 소피아의 모자이크는 많이 훼손되어 있었다. 오스만 제국 시대에 이슬람 사원으로 바뀌면서 그렇게 되었지만, 그전에도 비잔티움 제국의 성상숭배금지령으로 인해 초기의 모자이크들이 모두 없어졌던 때가 있었다. 지금 남아있는 모자이크는 모두 성상숭배금지령이 풀리고 난 9세기 이후에 제작된 것들이다. 본당 앱스의 반원형 천장에는 성모와 아기 예수의 모자이크가 있었다. 그림이 온전히 보존되어 있을 뿐 아니라 가장 크고 아름다웠다. 2층 회랑에 있는 데이시스Deësis는 예수 그리스도에게 죄인들을 구원해 달라고 청하는 성모와 세례 요한이 그려진 그림이다. 13세기에 제작된 가장 훌륭한 모자이크이지만 안타깝게도 이 또한 상당부분이 훼손되어 있었다. 이 외에도 여러 모자이크 그림이 있었지만 훼손이 많이 되어서 그런지 별로 돋보이는 작품은 없었다.

2층 회랑을 지나며 창문 밖 풍경을 내다보았다. 멀지 않은 곳에 보스포루스 해가 보였다. 6세기부터 지어져 있던 아야 소피아는 보스포루스 해를 항해하던 뱃사람들의 등대이기도 했다. 신께 바쳐진 거대한 성당의 신성함은 바다 위의 사람들에게도 전해졌을 것이다. 발길을 돌려 1층으로 가는 회랑의 창문을 내다보니 블루 모스크가 보였다. 아야 소피아에서 블루 모스크의 모습을 바라보니 무척 독특하고 신기했다. 두 건축물은 서로를 어떻게 생각했을까. 아마도 서로를 위로하며 긴 세월동안 서 있지 않았을까.

밖으로 향하는데 나르텍스 남쪽에 '용사의 대기실'이 있었다. 근위병들이 황제를 기다리는 곳인데 그 문 위에도 모자이크 그림 하나가 있었다. 거의 훼손되지 않은 채 온전히 남아있는 그림에는 가운데 성모와 아기 예수가 있고, 양쪽으로 두 인물이 각자 물건을 들고 아기 예수에게 바치고 있었다. 왼쪽은 아야 소피아를 들고 있는 유스티니아누스 황제이고, 오른쪽은 콘스탄티노플을 들고 있는 콘스탄티누스 대제였는데, 무척이나 상징적이어서 오랫동안 바라보았다. 그리고 모자이크를 마지막으로 아야 소피아를 나왔다. 밖에는 여전히 강한 햇살이 내리쬐고 있었다.

> ISTANBUL-5
> # 오스만 건축의 결정체, 블루 모스크
> ## - 술탄 아흐메트 자미 -

> "인내가 승리를 안겨준다는 말대로 참아야 합니다.
> 그래야만 신의 도움으로
> 신이 그의 건물에 불멸을 안겨 주는 것을 볼 수 있습니다."
> - 미마르 시난

블루 모스크

블루 모스크Blue Mosque 입구에는 이미 많은 관광객들로 붐비고 있었다. 앞서 예배 시간에 지키고 있던 경비원은 보이지 않았다. 입구에는 특별히 예배를 드리는 곳이기에 그에 걸맞은 복장을 갖추라는 안내문이 보였다. 지금은 아름다운 건축물을 감상하기 위해 관광객들로 붐비지만, 이곳은 엄연히 무슬림들이 예배를 드리는 사원이다. 그러니 자신들의 예배당을 열어 감상할 수 있도록 배려한 것에 대해 최소한의 예의를 갖춰야 할 것이다.

정원을 지나 메인포털로 들어서니 중정이 나왔다. 예배당의 안뜰은 아케이드로 둘러싸여 사면에 여러 작은 돔 지붕과 수많은 원기둥으로 이어져 있었다. 바닥은 모두 대리석이었고 중앙에는 분수대인 샤르디반이 보였지만 지금은 장식적 기능만 하고 있었다. 그런데 예배당이 있는 주랑 현관Portico만 남긴 채 세 면을 모두 가리고 복원 공사를 하고 있었다. 슬며시 안 좋은 예감이 들었다. 그래서 주랑 현관을 대충 살펴본 후 서둘러 본당으로 향했다. 역시 본당도 복원 공사 중이었다. 그런데 하필 본당 한가운데에 비계를 설치하여 전체적으로 구조를 조망할 수가 없었다. 더구나 출입까지 제한되어 있어서 방문객은 본당의 한쪽을 지나가며 감상했다. 그래서 화려한 돔 지붕들의 향연이라는 블루 모스크를 온전히 느낄 수 없었다. 너무나도 아쉬웠다

이렇게 아쉬워하는 이유는 블루 모스크의 구조가 좀 특별하기 때문이다. 중앙 돔은 직경 23.5미터에 높이가 43미터이고 돔을 지지하는 네 개의 거대한 원기둥도 직경이 5미터에 이른다. 물론 앞서 본 아야 소피아보다는 조금 작다. 하지만 이 모스크는 아야 소피아와는 다르게 중앙 돔을 중심으로 네 면에 세미 돔이 있고, 그 아래에도 세 면에 작은 세미 돔이 있다. 다만 메카를 향해 예배 방향을 지시하는 키블라qibla 벽에만 작은 세미 돔이 없다. 그리고 중앙 돔에서 퍼져 나온 돔과 세미 돔의 영향을 받지 않는 예배당 네 모서리에도 각각 작은 원형 돔이 있다. 《이스탄불》의 저자 존 프릴리는 이 모스크의 돔을 보고 '멋진 폭포수'를 연상시킨다고 묘사했다.[13]

---

13 "술탄 아흐메트 1세 자미는 이스탄불의 황실 모스크 중 외관이 가장 호화롭다는 명성답게 돔들과 세미돔들이 멋진 폭포수를 연상시키고 여섯 개의 늘씬한 첨탑들이 건물 네 귀퉁이와 전정에 솟아 있다." 존 프릴리, 《이스탄불》, 민음사, 2007

그뿐만이 아니다. 각각의 돔에는 하단부에 테두리를 따라 수많은 창문이 나 있다. 이 예배당에는 중앙 돔에만 창문이 28개, 네 면의 세미 돔에는 각각 14개씩, 그 아래에 돔에도 창문이 계속 이어져 있는데, 그 수만 해도 무려 250개에 이른다. 그래서 창문에서 들어오는 빛으로 인해 중앙 돔이 마치 하늘에 떠있는 듯이 보인다고 한다. 거기에 일일이 손으로 만든 2만여 개의 이즈니크^{Iznik} 타일이 예배당의 벽면과 돔 내부를 장식하고 있다. 이렇게 중앙 돔과 사방으로 펼쳐진 돔을 한눈에 살펴볼 수 없어 아쉬웠지만, 방해물 너머 간간히 보이는 중앙 돔과 세미 돔을 어렵사리 볼 수 있는 것으로 위안을 삼았다. 그나마 중앙의 세미 돔 하나와 유명한 이즈니크 타일을 직접 보는 것으로 만족해야 했다.

블루 모스크의 북서쪽 정원으로 나왔다. 이곳은 의외로 한적해서 잠시 고요 속에 천천히 정원을 거닐며 모스크를 바라보았다. 비록 기대했던 본당을 제대로 보지 못했지만 바깥에서 모스크의 전체적인 구조를 바라보니 오히려 블루 모스크가 얼마나 훌륭한 건축물인지를 조금은 알 것 같았다. 우리는 아무 방해도 받지 않고 한동안 블루 모스크를 감상하며 정원에 머물렀다.

술탄 아흐메트 1세

블루 모스크는 파란색 타일로 장식된 모스크가 아름다워서 유럽인들이 붙인 이름이다. 정식명칭은 술탄 아흐메트 자미^{Sultan Ahmet Camii}이다. 오스만 제국의 술탄 아흐메트의 명으로 지었기에 붙은 이름이다. 그리고 여기서 '자미Camii'14는 이슬람교 사원인 모스크Mosque의 튀르키예 말이다.

모스크를 지은 술탄 아흐메트Sultan Ahmet 1세는 오스만 제국의 14번째 술탄으로 그렇게 대단한 인물은 아니었다. 헝가리 영토에 대한 우위를 포기하는 지트바토로크Zsitvatorok 조약을 체결했고 오래 지속된 페르시아의 사파비 왕조와의 전쟁에서도 패했다. 오스만 제국의 전성기도 쉴레이만 대제 이후 점점 하락세로 접어들던 때였다. 물론 그가 27세에 장티푸스로 갑자기 요절한 것도 좋은 평가를 받지 못한 이유였을 것이다.

그렇지만 술탄 아흐메트 1세가 오스만 제국의 역사에 남긴 공적이 두 가지가 있다. 첫 번째는 잔인한 오스만식 황제 계승법을 개혁한 것이다. 이전까지 술탄이 즉위하면 술탄의 형제들은 잔인하게 살해되는 전통이 있었다. 그런데 아흐메트 1세는 나머지 형제들을 죽이지 않는 대신 카페스kafes라 부르는 왕궁 밀실에 가두었다. 일단 형제간의 골육상쟁을 피해 목숨은 부지하게 되었지만, 평생을 밀실에 갇혀 살아야 하는 왕자들의 삶도 그다지 나은 것만은 아니었을 것이다.

그리고 두 번째 공적이 바로 블루 모스크를 지은 것이다. 아마도 국내외적으로 이렇다 할 성과가 없다 보니 약해진 오스만 제국의 권위를 회복하기 위해서였을 것이다. 하지만 이 아름다운 모스크도 건설 후 100여 년 동안은 오스만 사람들에게 그다지 사랑받지 못했다고 한다. 당시 모스크는 전쟁의 전리품으로 건설되는 것이 보통이었다. 그런데 술탄

---

14   자미(Camii)는 금요 기도를 드리는 '금요 모스크'를 지칭하고, 보다 작은 소규모 이슬람 사원에 대한 명칭은 '마스지드(Masjid)', 튀르크예어로 '메스지트(Mescit)'라고 부른다. 고유명사로는 '자미'로, 일반적으로 지시할 경우에는 '모스크'로 표기한다.

아흐메트 1세는 전쟁에서 승리를 거두지 못했기에 모스크를 짓는 자금을 왕실의 금고로 충당했다. 그것이 당시 오스만 사람들에게는 부끄럽게 여겨졌나 보다. 물론 왕실의 금고를 채우기 위해 무겁게 부과된 세금이 주요 원인이었겠지만 말이다.

아까부터 모스크 주위의 많은 미나레트에 눈길이 갔다. 미나레트의 갯수가 모스크의 위상을 말해 주기 때문이다. 보통 술탄이 세우면 네 개의 미나레트를 세우고, 황후나 왕자, 공주를 위한 모스크에는 그보다 적은 숫자의 미나레트를 세운다. 그래서 일반적으로 모스크에는 한 두 개 정도의 미나레트가 있다. 그렇게 보면 앞서 보았던 네 개의 미나레트를 가진 아야 소피아보다 여섯 개의 미나레트를 가진 블루 모스크의 지위가 더 높다는 것을 알 수 있다.

그런데 술탄 아흐메트 자미의 미나레트에 관한 재미있는 이야기가 있다. 당시 술탄 아흐메트 1세는 건축가에게 모스크의 미나레트를 황금으로 만들라고 명령했다. 하지만 엄청난 건축비가 걱정이던 건축가는 '황금altın'과 발음이 비슷한 '여섯altı'이라는 단어를 이용해 여섯 개의 미나레트를 세웠다. 술탄의 말을 감히 어기지는 못하니깐 잘못 들은 걸로 밀어 붙인 것이다. 술탄도 과히 나쁘지 않은지 별말이 없었다. 그런데 여섯 개의 미나레트는 성지 메카의 수와 같았기에 비난이 일었다. 그래서 술탄은 어쩔 수 없이 메카의 모스크에 미나레트를 하나 기증했다고 한다.

정원에서 바라본 모스크는 정말 아름다웠다. 아야 소피아와 비슷한 듯하면서도 색달랐다. 모스크는 보다 대칭적이어서 균형감이 느껴졌고, 거대한 건축물이면서도 아기자기한 공예품 같았다. 그건 아마도 이 모스크의 건축가 세데프카르 메흐메트 아아$^{Sedefkár Mehmed Ağa}$가 이전에 진주 상감 장식을 하던 장인이었기 때문일 것이다. 미마르 시난$^{Mimar Sinan}$의 마지막 제자이기도 했던 그는 오스만 건축의 결정체를 만들었다는 평가를 받았다. 우리는 작은 위안이 되어준 술탄 아흐메트 자미의 정원에서 잠시 더 머무르다 밖으로 나왔다. 하루 종일 비추던 해가 술탄 아흐메트 자미 너머 마르마라 해로 서서히 넘어가고 있었다.

ISTANBUL-6
신성하고 우아한 모스크, 쉴레이마니예 자미
- 갈라타 다리와 쉴레이마니예 자미 -

> "오, 그대는 이 세상 거처에 하루 이틀 머물렀소…
> 이 뛰어난 사람은 술탄 쉴레이만의 건축가였고
> 지고한 천국을 닮은 모스크를 지었소…
> 그는 백수를 넘겨 삶을 마감했으니
> 신이여 낙원의 정원을 그의 안식처로 마련하소서."
>
> - 무스타파 사이 첼레비

갈라타 다리

카바타쉬 역으로 나가 트램을 타고 갈라타 다리 앞에서 내렸다. 오늘은 바람이 조금 차가웠지만 그래도 날씨는 화창해서 보스포루스 해와 할리치 만이 햇살에 반짝이고 있었다. 갈라타 다리는 구시가지인 파티흐Fatih 지역과 신시가지인 베이올루Beyoğlu 사이로 흐르는 할리치 만 위에 놓여있다. 1994년에 완공되었으며 위로 트램이 운행되는 흔치 않은 다리이다.

이곳에 세워질 뻔한 최초의 다리에 대한 이야기가 있다. 그것도 레오나르도 다빈치와 관련된 이야기다. 때는 16세기 초로 당시 술탄이었던 바예지드Sultan Beyazid 2세는 이곳에 다리를 놓기 위해서 설계를 의뢰했는데 그 설계자가 바로 다빈치였던 것이다. 다빈치는 열심히 다리를 설계해서 보내지만 당시 다빈치의 설계안은 기술적인 문제로 인해 술탄의 승인을 받지 못했고 결국 다리 건설은 취소되었다. 다리가 놓인 것은 그로부터 350년이나 지난 뒤였다.

그런데 당시 폐기되었던 다빈치의 다리 설계가 오늘날 다시 부활했다. 2001년 노르웨이의 한 건축가가 다빈치의 설계 도면을 가지고 오슬로 근처에 다빈치 다리Da Vinci-Broen를 만든 것이다. 원래 설계안보다 조금 작고, 석재가 아닌 집성 목재로 만든 보행자 전용 다리이다. 완성된 다리의 모습은 사진으로 보아도 예술적이고 아름다웠다. 2019년에는 매사추세츠 공과대학에서 다빈치의 설계도를 1/500 모델로 테스트를 했는데 안전하다는 판정이 내려졌다고 한다. 결국 다빈치의 설계는 완벽했던 것이다. 역사 속에 '만약'이라는 건 없지만, 그때 다빈치의 다리가 이곳에 건설되었다면 그건 또 하나의 역사적인 일이 되었을 것이다. 그리고 무엇보다 여기서 다시 확인되는 건 레오나르도 다빈치는 천재였다는 것이다.

카라쾨이에서 에미뇌뉘 방면으로 갈라타 다리를 건넜다. 이른 시간인데도 다리 위의 낚시꾼들은 일렬로 줄지어 서서 낚싯줄을 드리우고 있었다. 갈라타 다리는 큰 배가 지날 때에는 열리는 도개교bascule bridge이다. 그래서 낚시꾼들은 다리 중앙을 제외하고 양쪽으로만 낚싯줄을 내렸다.

다리 아래에도 가운데를 제외하고 양쪽으로 레스토랑들이 들어서 있는데, 재밌는 건 아래 레스토랑에서 강 쪽으로 고개를 내밀면 낚싯줄에 몸이 걸릴 수도 있다는 것이다. 낚시꾼들의 어깨너머로 잡아 놓은 물고기를 구경하며 걷는 것도 갈라타 다리에서 맛볼 수 있는 즐거움 중 하나다. 특히 사방으로 펼쳐진 멋진 풍경을 만끽할 수 있는 것도 빼놓을 수 없다. 눈앞에는 구시가지의 멋진 스카이라인이 펼쳐져 있었다. 그중 오른쪽으로 높은 언덕 위에 있는 거대한 모스크에 눈길이 갔는데, 이제 곧 우리가 찾아갈 쉴레이마니예 자미 Süleymaniye Camii이다.

쉴레이마니예 자미

쉴레이만 대제는 오스만 제국 전성기 때 최고의 술탄이다. 46년이라는 오랜 통치 기간 동안 13번의 원정에 나서며 오스만 제국의 영향력을 세 대륙에 걸쳐 떨친 사람이다. 거기에 유럽 연합 함대와의 전투인 프레베자 해전에서 승리해 지중해 패권까지 거머쥐게 되어 당시 유럽으로부터 '대제 the Magnificent'라는 칭호를 받았다. 특히 오스트리아 빈까지 쳐들어가서 당시 합스부르크 왕가를 위협했던 바로 그 술탄이기도 하다. 그는 영토확장뿐 아니라 나라 안도 잘 다스렸는데, 법전을 만들어 질서를 잡았고 백성들의 삶도 안정적으로 돌보았다. 그리고 예술을 좋아해서 많은 예술가들을 후원했다. 특히 오스만 제국 최고의 건축가가 되는 미마르 시난을 등용해 여러 모스크와 건축물을 짓게 했다. 그의 후원 아래 미마르 시난은 오스만 고전 건축양식을 완성할 수 있었다. 우리가 찾아 간 쉴레이마니예 자미 역시 미마르 시난의 대표적 작품들 중 하나다.

드디어 쉴레이마니예 자미에 들어갔다. 넓은 마당에 있는 세정대에는 우두[15]를 하는 몇몇 무슬림이 있었다. 한적한 분위기가 엄숙함을 더해주고 있었다. 마당을 가로질러 묵직한 가죽 문을 열고 안으로 들어갔다. 본당의 조용한 공간과 높은 천장에 눈길이 닿자 우리는 한참을 서서 움직이지 못했다. 비로소 '이슬람 사원이란 이런 곳이구나'라고 알게 되었다.

모스크의 천장을 감싼 공간은 여러 창문에서 들어오는 햇살을 받아 거대한 아우라를 내뿜고 있었다. 천장의 돔들로 구획된 선들은 그 자체로 하나의 무늬가 되어 천장을 꾸며 주었다. 천장에서부터 내려온 줄에 걸린 샹들리에의 노란 불빛이 빛났다. 이 신성한 공간에서는 누구라도 자신을 낮추어 신에게로 나아갈 듯했다. 주위를 돌아보다가 기도를 드리러 온 한 무슬림과 눈이 마주쳤다. 마치 우리의 마음을 알겠다는 듯이 미소를 지으며 고개를 끄덕여 주었다. 신과 마주하는 이러한 공간은 인간의 마음을 정화시켜줄 뿐만 아니라 사람들 간의 관계도 따뜻하게 이어주는 듯했다. 모스크를 방문하면서 기대했던 건 바로 이런 감정이었을 것이다.

본당의 여러 부분을 자세히 살펴보니 아야 소피아의 구조와 상당히 비슷했다.[16] 좌우에 있는 반원의 세미 돔이 메인 돔을 지탱하고 있고, 세미 돔이 없는 측면에는 거대한 아치 벽면으로 이루어져 있는 것이 비슷했다. 그곳에도 무수히 많은 창들이 나 있었다. 아야 소피아의 앱스Apse

---

15 우두(Wudu)는 무슬림이 기도 전에 씻는 행위를 말한다.
16 본당의 평면은 정사각형에 가깝다. 중앙 돔은 지름이 27.5미터이고, 바닥에서 돔 꼭대기까지의 높이는 53미터로 아야 소피아보다는 작다. 중앙 돔의 동쪽과 서쪽에는 세미 돔이 있고, 북쪽과 남쪽에는 거대한 아치가 있다.

부분은 반원형으로 움푹 들어가 있었는데 이곳은 평면으로 되어 있었다. 벽의 중앙에는 메카의 방향을 알려주는 미흐랍Mihrab이 있고 오른쪽에는 설교단인 민바르Minbar가 있었다. 그 주위로는 스테인드글라스가 환히 빛나고 있었다.

마침 본당의 샹들리에 아래에서 한 노인이 기도를 드리고 있었다. 샹들리에의 원형 불빛 속에서 기도하는 모습은 한 폭의 그림을 보는 듯했다. 그 모습에 우리마저도 경건해지는 것 같았다. 모스크 예배당에서 처음으로 고요함을 느끼며 한참을 머물렀다.

예배당 정문으로 나오니 모스크의 안뜰로 이어졌는데, 네 모서리에 미나레트가 높이 솟아 있었다. 우리는 잠시 작은 돔과 기둥으로 연결된 주랑에 앉았다. 햇살이 무척이나 따뜻했다. 본당을 바라보며 아야 소피아에서 느꼈던 감정을 떠올려 보았다. 아야 소피아에서 느꼈던 것이 신성하고도 숭고한 아름다움이었다면, 이곳에서 느낀 것은 경건하고도 우아한 아름다움이었다. 쉴레이마니예 자미에서 느낀 벅찬 감동은 우리의 여행을 오스만 모스크 건축 여정으로 이끌었다. 그 이후로 도시를 방문할 때마다 모스크를 찾아보는 여정은 쉴레이마니예에서 시작되었다고 할 수 있다.

미마르 시난의 무덤

미마르 시난의 무덤Mimar Sinan Türbesi이 있다고 해서 이리저리 찾아보았다. 모스크의 북쪽 끝 가장자리에 있는 그의 무덤은 생각보다 단출했다.

길이 양쪽으로 나뉘는 구석에 있다 보니 묘의 형태가 독특하게 긴 삼각형 모양이었다. 미마르 시난은 자신의 무덤을 직접 디자인했다.

미마르 시난은 오스만 제국 점령지 아래 기독교 가정에서 태어났다. 당시 아이들이 그랬듯이 그도 오스만 정예부대인 예니체리[17]에 들어갔다. 원래 석공의 아들인 그는 도로, 다리 같은 군사 기반 시설이나 요새화 작업에서 재능을 드러내, 후에 오스만 제국의 수석 건축가로 임명되었다. 시난은 세 명의 술탄[18]을 섬기면서 모스크는 물론 학교, 병원, 목욕탕, 다리, 수로 등 약 300여 개 이상의 건축물을 건설했다. 건축은 단기간에 완성되는게 아니므로 놀랄만한 업적이다. 물론 그가 당시로서는 드물게 98세까지 장수한 덕택에 50여 년을 현역으로 있었기에 가능했다.

시난의 가장 큰 업적은 오늘날 모스크라고 하면 으레 떠올리게 되는 둥근 돔과 미나레트라는 건축양식을 완성시킨 것이다. 그는 셀주크 튀르크 건축양식에 비잔틴의 건축양식을 혼합하여 오스만의 고전 건축양식을 창조했다. 특히 아야 소피아에서 많은 영감을 받았다. 그에게 있어 아야 소피아는 창작의 근원이자 넘어서야 할 대상이었다.[19]

---

17 예니체리(Yeniçeri)란 오스만 제국의 점령지에 있는 비이슬람교도, 특히 기독교도의 아이들을 개종시키고 군사훈련을 통해 만든 황제의 직속 친위부대다.
18 쉴레이만 대제, 셀림 2세, 무라트 3세
19 아야 소피아가 오늘에 이른 것은 시난의 노력 덕분이다. 아야 소피아는 건축학적 문제로 끊임없이 보수 공사가 이어졌는데 거대한 돔의 하중이 가장 큰 문제였다. 시난은 이를 해결하기 위해 돔의 하단 측면에 거대한 버트레스(버팀벽)를 만들어 횡압력을 막았다. 지금도 아야 소피아에서 시난이 보수한 버트레스를 볼 수 있다.

시난은 죽기 전에 자신의 작품을 돌아보며, 셰흐자데 자미[20]는 자기의 견습 시절의 작품이고, 쉴레이마니예 자미는 성숙기의 작품이고, 셀리미예 자미[21]는 최고의 걸작이라고 했다. 그런데 왜 미마르 시난은 쉴레이마니예 자미에 묻혔을까. 흔히 생각해 볼 수 있는 건 그를 오스만 제국 수석 건축가로 발탁해 주고 가장 오래 모셨던 주군 쉴레이만 대제의 옆에 묻히고 싶었기 때문일 것이다. 하지만 그게 전부는 아닐 것이다. 아마도 가장 왕성했던 60대 중반에 완성한 쉴레이마니예 자미가 다른 어떤 걸작보다도 애틋하지 않았을까? 그래서 삶의 마지막 순간 쉴레이마니예 자미에 묻히고 싶다고 생각하지 않았을까?

이번에는 입구에서 보았던 쉴레이만의 영묘로 가 보았다. 그 옆에는 아내 록셀라나(Hürrem Sultan)의 묘도 따로 있었다. 그런데 영묘 안에서 보니 관이 땅에 묻힌 게 아니라 바닥 위에 놓여 있는 모습이라 조금 놀랐다. 물론 실제로는 지하에 묻혀 있지만 관을 전시해놓은 것 같은 분위기는 문화적 차이로 묘한 느낌을 주었다. 여러 나라를 제패한 대제의 묘소는 아담했지만 쉴레이만의 위엄만큼은 충분히 느낄 수 있었다.

영묘를 뒤로하고 나오며 언덕 아래를 보기 위해 정원 끝에 다가갔다. 순간 파노라마처럼 펼쳐진 이스탄불의 풍경이 눈에 들어왔다. 언덕 아래에는 할리치 만과 갈라타 다리가 있고 건너편에는 갈라타 타워가 솟아

---

20 셰흐자데 자미(Şehzade Camii)는 쉴레이만 대제가 가장 아끼던 아들 '셰흐자데 메흐멧(Şehzade Mehmed)' 왕자를 위해 이스탄불에 지은 모스크다. 황위를 물려받을 예정이었던 젊은 왕자가 불의의 병으로 죽자 쉴레이만 대제는 시난에게 모스크 건축을 명했다. 시난은 기존의 오스만 건축양식을 벗어나 처음으로 자신의 스타일로 모스크를 완성했다.
21 셀리미예 자미(Selimiye Camii)는 술탄 셀림 2세의 명으로 에디르네에 지은 모스크다. 에디르네는 술탄 메메트 2세에 의해 이스탄불로 옮기기 전까지 수도였던 곳이다. 시난이 86세에 완성한 이 모스크는 아야 소피아의 거대한 중앙 돔에 필적할 만큼 크고 높은 건축물이다.

있었다. 무엇보다 멀리 보스포루스 해가 드넓게 펼쳐져 있었다.

쉴레이마니예 자미는 구시가지에 있는 일곱 개의 언덕 중 가장 높은 세 번째 언덕에 지어졌다. 그래서 이스탄불의 풍경이 한 눈에 내려다보이는 것이다. 오늘도 쉴레이마니예 자미는 높은 언덕 위에서 이스탄불 도시 전체를 변함없이 굽어보고 있었다.

ISTANBUL-7
두 개의 세계와 두 바다를 연결하는 열쇠
- 보스포루스 해협 -

"도시가 패배, 파괴, 좌절, 침울, 빈곤으로 은밀히 썩고 있는 반면,
보스포루스는 삶에 대한 애착, 흥분, 행복감으로
내 머릿속에서 깊이 합치되었다.
이스탄불의 혼과 힘은 보스포루스에서 비롯된다."

- 오르한 파묵

보스포루스 해협 탐방

이스탄불의 겨울은 지중해성 기후의 영향을 받아 흐리고 비 내리는 날이 많다. 도착한 날부터 연일 날씨가 맑고 화창했는데 어제부터 흐려지면서 비가 내리기 시작했다. 아침에 일어나 창밖을 보니 비는 그쳤지만 하늘에는 여전히 구름이 많았다. 오늘은 배를 타고 보스포루스 해협을 탐방하기로 한 날이라 살짝 걱정이 되었다. 날이 맑아지기를 고대하며 에미뇌뉘 항구로 향했다.

배를 이용하여 보스포루스 해협을 경험해 볼 수 있는 방법은 세 가지가 있다. 우선 매일 보스포루스 해를 가로질러 다니는 수상버스를 이용하는 것이다. 지금은 비록 다리가 놓이고 해협 아래로 메트로와 터널이 연결되었지만, 여전히 수상버스는 이스탄불의 유럽 지구와 아시아 지구를 이어주는 주요 교통수단 중 하나다. 다음은 보스포루스 해협을 두루 돌아보는 크루즈 여행을 하는 것인데, 장거리 크루즈와 단거리 사설 크루즈가 있다. 먼저 장거리 크루즈는 할리치 만에서 보스포루스 해협의 시작인 흑해까지 왕복하는 배편으로, 겨울철에는 하루에 한 편만 운행된다. 가는 시간만 해도 두 시간이 걸리고 정박과 점심시간까지 포함해 왕복으로 여행하고자 한다면 꽤 긴 시간이 소요된다. 그래서인지 대부분의 여행객들은 대략 1시간 반 정도 걸리는 단거리 코스를 선택한다.

우랄 산맥이 서로 다른 문명과 역사를 낳는 경계가 되는 것처럼 보스포루스 해협도 마찬가지다. 하지만 보스포루스 해협이 우랄산맥과 다른 점은 단절되어 나뉜 경계라기보다 왕성한 교류를 통해 늘 역사의 중심에 있었다는 것이다. 무엇보다 교류하는 경계선에는 항상 많은 이야기들로 넘쳐난다. 그리고 그 이야기들은 사람들을 불러 모은다.

우리는 흑해까지 가 보아야 보스포루스 해협 전체를 제대로 보았다고 생각했기 때문에 오늘 하루 온전히 보스포루스 해협을 탐방하며 그동안의 호기심을 맘껏 채워볼 예정이다. 보스포루스 해협의 시작과 끝을 맛볼 수 있는 크루즈 여행은 에미뇌뉘 선착장을 떠나 네 곳의 선착장을 들른 후에 최종 목적지 '아나돌루 카바으'까지 항해한다. 그리고 2시간 반을 정박한 후 다시 출발지인 에미뇌뉘 선착장으로 돌아오는 일정이다.

돌마바흐체 궁전과 보스포루스 대교

곧바로 크루즈가 도착해서 배에 올랐다. 배는 크고 깨끗했는데 승객이 많지 않아서 그런지 여유롭기까지 했다. 먼저 맨 위층인 3층에 올라가서 야외 좌석에 자리를 잡았다. 배가 출발해서 앞으로 나아가자 왼쪽으로 갈라타 탑, 오른쪽으로는 아야 소피아와 톱카프 궁전, 뒤쪽 언덕 위에는 쉴레이마니에 자미가 보였다. 그리고 앞에는 보스포루스 해협과 그 너머 아시아 지역까지 펼쳐져 있었다. 그러자 마치 탐험을 떠나는 모험가처럼 가슴이 뛰고 설레기 시작했다. 드디어 배는 할리치 만을 뒤로 하고 온전히 보스포루스 해협 위를 달리기 시작했다. 그동안 날씨도 좋아져서 구름마저 걷히고 햇살이 가득했다.

보스포루스 해로 들어선 지 얼마 되지 않아 가장 먼저 돌마바흐체 궁전Dolmabahçe Sarayı이 눈에 들어왔다. 화려한 석조건물로 세워진 이 궁전은 1859년 베르사유 궁전을 모델로 지어졌다. 술탄 압둘메지트의 지시로 지어져 오스만 왕조 말기의 주요 궁전이 되었다. 이곳은 튀르키예 역사의 한 페이지를 차지하는 두 가지 사건을 겪은 곳이다. 하나는 1877년 오스만 최초의 의회가 개원한 것이고, 두 번째는 1938년 튀르키예 건국의 아버지이자 초대 대통령인 아타튀르크가 영면한 것이다. 집무실과 침실의 모든 시계는 그가 영면한 오전 9시 5분에 멈춰 있다.

그런데 정작 관심을 끄는 건 1453년 전쟁 때 메흐메트 2세가 배를 산으로 넘겨 골든 혼으로 이동시킨 사건이다. 하룻밤 사이 72척의 배들이 옮겨지는 긴박한 순간이 이 역사적 장소에서 이루어졌다.[22] 그 후 작은 항구는 메워져 정원이 되었고 오스만 왕조의 여름 별궁으로 이용되다가 대화재를 겪은 후 화려한 궁전으로 거듭났다. 궁전 바로 옆에는 오늘날 호텔로 개장된 츠라안 궁전 Çırağan Sarayı도 보였다. 배를 타고 가니 역사적 장소들이 순식간에 눈앞을 지나갔다.

드디어 보스포루스 대교 아래를 지났다. 보스포루스 해로 접어들었을 때부터 보니, 다리는 두 대륙을 연결하는 것이 아니라 마치 두 대륙을 붙잡고 있는 것 같았다. 아래에서 올려다 본 다리의 길이와 규모는 정말 대단했다. 공식 명칭은 따로 있지만 지금도 여전히 보스포루스 대교 Boğaziçi Köprüsü로 불린다.[23] 1973년 튀르키예 건국 50주년에 맞춰 완공되었으며 총길이는 1,560미터로, 당시에는 세계에서 네 번째로 긴 다리였다. 보스포루스 대교에 대한 튀르키예인들의 자부심은 대단했을 것이다.

루멜리 히사르와 두 개의 대교

오랫동안 야외 선상에 있어서인지 몸이 떨려왔다. 보스포루스 다리를 지나자마자 2층 선실로 내려왔다. 다행히 사람이 거의 없는 선실은 한적했고 무엇보다도 대형 유리창이 있어 전망이 좋았다. 자리에 앉은 후 얼마 안 가서 해안가에 인상적인 성벽이 보였다. 바로 루멜리 히사르 Rumeli Hisarı였다. '유럽의 성'이라는 뜻의 이 요새는 1452년 술탄 메흐메트

---

22 당시 배를 산으로 옮긴 위치에 대해서는 여러 가지 설들이 있다. 여기서는 유재원의 《터키, 1만 년의 시간여행 1》 내용을 참조했다.
23 공식 명칭은 '7월 15일 순교자의 다리(15 Temmuz Şehitler Köprüsü)'이다. 2016년 일어난 군사 쿠데타에 저항하다 순교한 시민들을 기리기 위해 다리의 명칭이 바뀌었다.

2세가 콘스탄티노플을 점령하기 위해 전초작업의 일환으로 4개월 만에 완성하였다. 세 개의 메인 탑을 중심으로 13개의 망루가 설치된 루멜리 히사르는 보스포루스 해의 경사진 곳에 설치되었다. 이곳은 폭이 660m로 보스포루스 해협 중 가장 좁은 지역이다. 반대편 아시아 지역에 세워진 요새 아나돌루 히사르와 함께 해협을 통과하는 배들의 출입을 통제했다. 흑해에 있는 제노바 식민지의 자원이 콘스탄티노플로 운송되는 것을 막기 위함이었다. 다음은 당시의 긴박한 모습을 그린 시오노 나나미의 소설 한 대목이다.[24]

> "배가 해협을 따라 꺾어지자 누가 바란 것도 아니건만 '루멜리 히사르'의 전모가 눈에 들어왔다. … 해안선 가까이 있는 큰 탑에서 발사된 포탄이 물기둥을 높이 튀겨 올리기 시작했다. … 선장 코코의 노성이 울려 퍼진다. 선원들 모두가 한 몸이 되어 배는 오로지 남쪽만 보고 달려간다. 요새가 있는 곳을 돌아섰을 때 비로소 전원이 안도의 한숨을 내쉬었다. 아직 등 뒤로 투르크 요새가 보이긴 하지만 이제 대포의 사정거리는 벗어난 것이다."

요새는 해협의 길목을 완전히 차단했고 콘스탄티노플을 곤경에 빠뜨렸다. 그렇지만 콘스탄티노플이 함락된 이후에는 요새로서의 중요성을 잃고 방치되었다가 20세기 튀르키예 공화국이 들어선 후 복원되었다. 오늘날에는 박물관과 콘서트를 위한 야외극장으로 운영되고 있다.

---

24 시오노 나나미, 《콘스탄티노플 함락》, 한길사, 2002

요새를 지나치자 눈앞에 거대한 다리가 나타났다. 1988년에 완공된 보스포루스 해협의 두 번째 대교인 파티흐 술탄 메흐메트 대교^{Fatih Sultan Mehmet Köprüsü}였다. 콘스탄티노플을 함락시켜 이스탄불을 탄생시킨 정복 왕 술탄 메흐메트 2세의 이름을 딴 대교다. 다리의 길이는 총 1,510미터로 유럽을 잇는 고속도로와 이어져 있다.[25]

배는 잔잔한 보스포루스 해를 가로질러 항해를 계속했다. 주변을 돌아보니 보스포루스 해안에 빼곡하게 들어선 집들이 도시의 스카이라인을 이루며 독특한 풍경을 만들어 내고 있었다. 이스탄불은 인구가 1,500만이나 되는 거대도시이다. 이는 유럽의 웬만한 중소 국가의 인구수에 버금가는 숫자다. 무수한 집들 사이로 솟아있는 모스크도 3천여 개나 된다고 하니 한때 이슬람을 이끌었던 오스만 제국의 수도였음을 떠올리지 않을 수 없었다.

그런데 요즘 이스탄불에서 모스크보다도 더 많이 볼 수 있는 것이 있다. 바로 붉은 바탕에 초승달이 그려진 튀르키예 국기다. 도시 곳곳에 대형 튀르키예 국기가 세워져 있고 일반 시민들도 집에 소형 국기를 장식한다고 한다. 자국의 국기를 사랑하는 것은 바람직한 일이기도 하지만, 한편으로 맹목적인 국가 사랑의 표명은 또 다른 우경화를 낳기도 한다. 요즘 노골적으로 우경화를 드러내는 튀르키예 정부의 모습과 곳곳에 펄럭이는 거대한 국기가 겹쳐지자 씁쓸함이 밀려왔다.

---

25 특히, 도로 E80은 유럽 서쪽 끝에 있는 포르투갈 리스본에서 시작해 스페인, 이탈리아, 발칸 발도를 거쳐 이스탄불을 지난다. 이후 아나톨리아를 관통해 이란 국경에서 아시안 하이웨이 (AH1)와 이어진다.

어느덧 보스포루스 해협의 마지막 다리가 보이기 시작했다. 저 너머가 바로 흑해라고 생각하니 바라보는 것만으로도 갑자기 가슴이 벅차고 설레었다. 보스포루스 해협의 세 번째 다리이자 마지막 다리는 야부즈 술탄 셀림 대교^{Yavuz Sultan Selim Köprüsü}로 현수교이자 사장교이다. 길이가 2,164m, 높이가 322m인 다리는 2016년 개통 당시에는 세계에서 세 번째로 높은 다리였다. 다리 이름의 주인공은 오스만 제국의 아홉 번째 술탄인 셀림 1세로, 가차없는 성격 때문에 '야부즈(냉혈한)'란 별명을 가졌다. 이집트의 맘루크 왕조를 정복한 후 압바스 왕조로부터 최고 지도자인 칼리프를 양도받아서 이슬람 세계의 맹주가 되었다. 또한 그의 아들이자 뒤를 이어 술탄에 오른 쉴레이만 대제가 오스만 제국의 황금기를 구가할 수 있도록 길을 열어준 인물이다.

거대하면서도 아름다운 야부즈 술탄 셀림 대교와 그 너머 아스라이 보이는 흑해에 눈을 떼지 못하고 있는데 어느덧 배는 최종 항구인 '아나돌루 카바으'에 도착했다.

요로스 성과 흑해

아나돌루 카바으^{Anadolu Kavağı}는 작은 어촌 마을이지만 크루즈가 운행되고 나서는 관광지가 되었다. 선착장 주위에는 레스토랑과 카페, 기념품 가게들이 모여 있었지만, 지금은 비수기여서 그런지 매우 한적했다.

배에서 내려 곧바로 언덕 위의 요로스 성$^{Yoros\ kalesi}$을 향해 걸었다.[26] 보스포루스 해와 흑해를 함께 볼 수 있기 때문이다. 우연히 순박하고 다정해 보이는 튀르키예 부부와 함께 동행하게 되었다. 비록 말이 통하지 않았지만 서로를 환영하는 마음만큼은 전해졌다. 숨이 찰 즈음 요로스 성 입구에 도달했다. 가파른 계단을 타고 힘들게 올랐지만 폐허가 된 성채가 보이자 다소 실망스러웠다. 그런데 성터를 돌아서 보스포루스 해 방면으로 조금 더 나가자 광활한 흑해가 눈앞에 펼쳐졌다. 우리는 한참 동안 넋을 잃고 망망대해를 바라보았다.

흑해^{Karadeniz}는 튀르키예, 불가리아, 루마니아, 우크라이나, 러시아, 조지아로 둘러싸인 내해다. 서쪽으로는 보스포루스 해협을 통해 지중해와 연결되고, 북동쪽으로는 케르치 해협을 통해 아조프 해와 연결되어 있다. 흑해는 한반도의 두 배정도의 크기로, 최대 수심이 2,212m나 될 정도로 깊다. 심층수의 염분 농도가 높아 검은빛을 띠고 있어 흑해로 불리고 있다.

요로스 성을 내려와 선착장 앞에서 차를 마시며 마음을 진정시켰다. 방금 본 흑해의 여운이 아직 가시지 않았다. 그건 단지 바다의 검은빛 때문만은 아니었다. 보스포루스 해협의 탄생과 대홍수 신화 때문이다. 흑해는 아주 오래 전 에욱시네^{Euxine}로 불렸다. 빙하가 물러가며 만들어진 호수였는데, 보스포루스 해협을 통해 지중해로 빠져나갔다. 즉 보스포루스 해협은 원래 강줄기였던 것이다. 그런데 어느 사이에 빙하로 녹은

---

26 요로스 성은 전략적 위치 때문에 비잔티움과 제노바, 오스만 튀르크의 각축장이었다. 그중 치열했던 15세기에는 제네바인들이 40여 년 동안 성을 점령해 '제노바 성'이란 별칭이 붙었다. 하지만 콘스탄티노플이 함락된 후 오스만 튀르크의 차지가 되었다.

물이 줄어들고 증발하면서 호수의 수위가 점차 줄어들기 시작했다. 보스포루스 해협의 입구는 진흙과 찌꺼기가 쌓여 둑처럼 막혀 버렸다. 이윽고 에욱시네 호수의 수면은 지중해보다 150m 가까이 낮아졌고 물이 빠진 강 주변은 비옥한 토지로 토착민들의 풍요로운 거주지가 되었다.

그러다 기원전 5,600년경에 이르러 빙하기가 끝나자 해수면이 계속 상승하면서 마르마라 해에서 유입된 바닷물이 이번에는 반대로 흐르기 시작했다. 이윽고 보스포루스 해협의 막힌 둑이 무너지면서 바닷물이 호수로 쏟아져 들어왔다. 에욱시네의 호수는 하루에 무려 15cm씩 상승했고 2년 만에 지중해 수위와 같아져서 오늘날의 흑해가 되었다. 이때의 에욱시네 대홍수는 민간에 전승되었고 《길가메시 서사시》나 《성경》의 '노아의 방주' 이야기가 되었을 거라고 학자들은 말하고 있다.[27]

에미뇌뉘 항구로 돌아오다

어느새 크루즈는 뱃고동소리와 함께 다시 출발했다. 이제 배는 왔던 길을 거슬러 이스탄불의 에미뇌뉘 항구를 향해 달리기 시작했다. 이번에는 올 때와는 반대로 아나톨리아 지역을 바라보며 왔다.

오전에 보았던 루멜리 히사르의 반대편에는 아나돌루 히사르 Anadolu Hisar가 있었다. '아시아 요새'라는 뜻의 성으로, 오스만 4대 술탄인 바예지드 Bayezid 1세가 콘스탄티노플을 공격하기 위한 전초기지로 1394년에

---

27 브레이언 페이건이 쓴 《기후, 문명의 지도를 바꾸다》에 언급된 내용으로, 많은 학자들이 거듭 주장하는 바이기도 하다.

건립했다. 그 후 메흐메트 2세에 의해 외벽이 추가되었고 건너편에 있는 루멜리 히사르와 함께 보스포루스 해협을 통제했다. 1993년에 복원되었으나 현재는 일반인에게 공개하지 않는다.[28] 그러니 이렇게 배를 타고 지나는 이들에게만 허락된 풍경인 셈이다.

크루즈 왼쪽으로 아나톨리아 지역의 풍경이 파노라마처럼 스쳐 지나갔다. 눈앞에는 파티흐 술탄 메흐메트 대교와 멀리 보스포루스 대교가 보였다. 그때 높은 언덕 위에 한 모스크가 눈에 띄었다. 아마도 모스크에 있는 여섯 개의 미나레트 때문이었을 것이다. 지난번 에미뇌뉴 항에서 보았던 참르자 자미 Çamlıca Camii였다. 참르자 자미는 튀르키예에서 가장 큰 모스크로 2019년에 아시아 지역의 위스퀴다르에 세워졌다. 두 명의 여성 건축가에 의해 건축된 모스크는 오스만 고전 건축인 미마르 시난의 스타일로 건설되었다. 이스탄불에서 가장 높은 참르자 언덕에 있기에 보스포루스 해의 어디에서나 볼 수 있다.

이제 배는 아시아 지역인 위스퀴다르 항구에 마지막으로 들른 후 할리치 만으로 들어서고 있었다. 에미뇌뉴 항구로 돌아온 것이다. 어느덧 해는 서쪽 마르마라 해로 기울어져 할리치 만을 금빛으로 물들이고 있었다. 언덕 위에는 쉴레이마니예 자미에서부터 톱카프 궁전과 아야 소피아의 거대한 돔이 그림같이 펼쳐져 있었다. 저녁 햇살을 등에 진 도시의 풍경은 너무나 아름다웠다. 이것이야말로 문명이 만들어낸 멋진 실루엣이 아닌가. 오른쪽으로는 석양빛을 받은 갈라타 탑과 갈라타 다리 위에 줄지어 있는 낚시꾼들도 보였다. 그들도 이 아름다운 풍경 속에 들

---

28 아나돌루 히사르는 2023년 공화국 100주년을 맞아 박물관으로 개방되었다.

어가 있었다. 이렇게 배를 타고 보스포루스 해를 통해 할리치 만에 들어오니 이제야 비로소 이스탄불에 입성했다는 생각이 들었다. 오늘의 이 풍경을 오래토록 잊지 못할 것이다. 저 멀리 우리가 다녀온 보스포루스 해협과 흑해의 물빛까지도.

"보스포루스 해협은 두 개의 세계와 두 개의 바다를 연결하는,
문을 열고 닫을 수 있는 유일한 열쇠다."[29]

- 페트루스 길리우스 -

---

[29] 길리우스가 말한 두 바다는 에게 해와 흑해이고, 두 세계는 유럽과 아시아다. 존 프릴리, 《이스탄불》, 민음사, 2007

ISTANBUL-8
비극이 될지 희극이 될지 아무도 모른다
- 이스티클랄 거리와 갈라타 탑 -

> "날이 좋으면 갈라타 탑은 도시에서 전망이 최고였다.
> 골든 혼에서 거의 100m 위와 이스탄불 건너 여러 첨탑과 원형지붕,
> 남쪽으로 보스포루스와 스쿠타리까지,
> 그리고 멀리 보랏빛의 귤레 산맥도 볼 수 있었다."
>
> - 제이슨 굿윈

이스티클랄 거리

오늘은 이스티클랄 거리를 탐방하려고 한다. 탁심 광장을 지나면 이스티클랄 거리가 시작되고 그 끝에는 갈라타 탑이 있다.

탁심 광장은 이스탄불의 유럽 지역인 베이올루^{Beyoğlu}의 중심지이자 교통의 요충지이다. 예전에 물을 끌어다 여러 지역에 공급하던 곳이어서 '분배'라는 뜻의 탁심^{Taksim}이 되었다. 오늘날에는 수많은 호텔과 레스토랑, 패스트푸드 가게들이 들어서 있는 관광문화의 일번지가 되었다.

새해 축제 등 각종 행사가 열리는 인기 있는 장소이기도 하다. 광장에 들어서자 근래에 일어난 테러의 영향인지 광장 한쪽에는 장갑차까지 동원한 경찰과 군인들이 보였다. 불안한 튀르키예의 한 면모가 느껴졌지만 그럼에도 거리는 여전히 활기를 띠고 있었다.

탁심 광장 중앙에는 누구나 눈길이 머물 수밖에 없는 기념비가 있다. 바로 탁심 공화국 기념비 Taksim Cumhuriyet Anıtı 이다. 튀르키예 공화국 건립을 기념하기 위해 1928년에 세워졌는데 아타튀르크 무스타파 케말이 동상의 중심을 차지하고 있다. 주위에는 기념사진을 찍는 많은 사람들로 둘러싸여 있는데 대부분 튀르키예 사람들이다. 건국의 아버지 아타튀르크를 향한 튀르키예인들의 사랑은 극진하고 유별나다. 그래서 이스탄불뿐만 아니라 다른 도시에서도 아타튀르크의 동상과 그에게 헌정된 거리는 셀 수 없이 많다.

탁심 광장을 가로지르고 나니 곧바로 이스티클랄 거리 İstiklal Caddesi 가 시작되었다. 이스티클랄 거리는 탁심 광장에서 카라쾨이 지역에 이르는 1.4km의 보행자 거리다. 예전 오스만 시대에는 '그란데 루 데 페라 Grande Rue de Péra'라고 불렸다. 그리스어로 '저편'이라는 뜻의 '페라'가 붙은 것은 콘스탄티노플의 건너편에 있기 때문이다. 유럽 영사관이 모여 있던 곳으로 유럽 문화를 쉽게 접할 수 있어서 오스만 시대의 지식인들에게 인기 있는 장소였다. 그 후 1923년 10월 29일 공화국이 건립되자, 튀르키예 독립 전쟁에서의 승리를 기념하기 위해 '독립'을 뜻하는 '이스티클랄'로 바뀌게 되었다.

이스탄불에서 가장 유명한 쇼핑거리로 주말에는 약 300만 명이 북적인다고 한다. 그 말이 실감이 날 만큼 입구에서부터 수많은 인파들이 거리에 가득 차 있었고 우리는 인파에 거의 떠밀려 걷는 모양이 되어 버렸다. 사람들이 많으니 물결처럼 따라가야 해서 길에 있는 가게에 잠시라도 한 눈을 팔게 되면 여지없이 뒷사람과 부딪칠 수밖에 없었는데, 그럴 때마다 누구나 멋쩍게 웃으며 그러려니 했다. 작은 골목에는 카페와 가게들이 즐비했는데 오스만식 커피와 이국적인 물담배를 즐기려는 사람들로 넘쳐났다.

파도바의 안토니오 성당

이스티클랄 거리를 걷던 중 한 성당을 발견했다. 사람들의 물결을 헤치고 겨우 성당으로 들어서니 작은 앞마당이 나왔다. 잠시 숨을 가다듬고 서서 성당의 정면을 올려다보았다.

오늘날 이스탄불에서 성당은 흔하지 않지만 가끔은 역사적으로 오래된 성당들을 만나 볼 수 있다. 사실 오스만 시대의 기독교는 지금보다는 훨씬 자유로웠다. 물론 자신의 종교를 지키려면 세금을 내야 했지만 다른 종교에 대한 탄압은 없었다. 이스탄불을 정복한 메흐메드 2세도 그리스 정교회 총대주교와 아르메니아 교회 총대주교에게 칙령을 내려 그들의 종교 공동체의 자치와 신앙을 보장했다. 하지만 오늘날에는 극단적 무슬림들의 테러를 의식해서인지 성당들은 정해진 시간에만 문을 열었는데, 오늘 만난 이 성당은 많은 사람들에게 자유롭게 열려 있었다. 바로 '파도바의 안토니오 성당St. Antuan Katolik Kilisesi'이었다.

파도바의 안토니오 성당은 이스탄불에서 가장 큰 로마 가톨릭 성당이다. 이스탄불에서 태어난 이탈리아 건축가 줄리오 몬제리Giulio Mongeri가 설계한 네오-고딕 양식으로 1912년 완공되었다. 붉은 벽돌의 파사드가 인상적인 성당 안으로 들어갔다. 내부는 전통적인 라틴크로스의 평면구조였으며 공간이 생각보다 높고 컸다. 높이 솟은 천장, 그리고 신도석Nave과 측면 복도Aisle를 나누고 있는 아치형 기둥이 고딕 양식의 면모를 보여주었다. 여기에 보다 높은 아치 기둥과 넓은 창문은 네오-고딕양식의 특징으로 내부를 훨씬 밝게 만들어서 중세 고딕 양식보다 훨씬 가볍고 화사한 느낌을 주었다.

성당에는 아기 예수 탄생 장면을 묘사한 미니어처를 비롯해 크리스마스 분위기를 느낄 수 있는 장식들이 많았다. 그러고 보니 성당 입구에도 크리스마스트리가 세워져 있었다. 그동안 이스탄불 어디에서도 크리스마스의 분위기를 느낄 수 없었기 때문에 다음주가 크리스마스라는 걸 이제야 알았다. 지금쯤이면 전 세계가 크리스마스 시즌으로 흥성거릴 텐데 종교가 다른 이스탄불의 분위기는 낯설었다. 그런데 성당을 돌아보니 외국인뿐만 아니라 히잡을 쓴 여성들도 눈에 많이 띄었다. 흥미롭게도 그녀들은 두 눈을 반짝이며 성당 안을 구경하고 있었다. 아마 이들도 낯선 종교와 문화가 궁금했을것이다. 종교가 대립의 대상이 아니라 서로의 문화를 이해하는 다리가 되기를 조용히 기원해 보았다.

이스티클랄 거리가 거의 다 끝나는가 싶더니 오른쪽으로 휘어지는 길[30]에서 작은 골목길이 보였다. 그런데 그 골목길의 초입에서 생각지도

---

30 휘어진 대로를 계속 따라가다 보면 왼쪽으로 유명한 '튀넬- 베이욜루 역'을 만날 수 있다. 튀넬(Tünel)은 영국의 런던 지하철 다음으로 세계에서 두 번째로 오래된 지하철이다.

ISTANBUL 69

않은 건물을 만났다. 갈라타 메블레비하네시 박물관Galata Mevlevihanesi Müzesi 이었다. 원래 이곳은 이스탄불에 최초로 세워진 메블레비의 테케였다. '메블레비'는 이슬람 신비주의 종파 수피즘의 수도승이나 교단을 말하고, '테케tekke'는 수도승들의 숙소이자 예배 장소를 말한다. 특히 메블레비는 수도승이 빙글빙글 도는 세마sema 의식으로 유명한데, 이곳에서도 세마 공연을 관람할 수 있다. 하지만 우리는 앞으로 메블레비의 고향인 콘야Konya를 방문해 세마 공연을 볼 예정이라 그냥 지나쳐 갔다.

갈라타 탑으로 가는 좁은 길에는 아기자기한 가게들이 즐비했는데, 특별히 악기점과 기념품 가게들이 많았다. 현대 악기들과 함께 옛 오스만 전통 악기들도 구경해 볼 수 있었다. 이 골목의 이름은 갈리프데데 거리Galipdede Caddesi로 '할아버지 거리'라는 뜻인데, 그보다는 '악기 상점 거리'로 더 잘 알려져 있다. 그렇게 골목길을 내려가다 어느 순간 높이 솟아있는 탑과 마주했다. 바로 갈라타 탑이었다.

갈라타 탑

갈라타 탑Galata Kulesi은 제노바의 식민지였던 1348년, 골든 혼을 사이에 두고 콘스탄티노플 성과 마주 보이는 곳에 세워졌다. 성벽을 쌓으면서 언덕 위에 선박 감시탑으로 건설했는데 '그리스도의 탑'이라는 뜻의 '크리스테아 투리스Christea Turris'라고 불렀다.[31]

---

31 '메갈로스 피르고스(Megalos Pyrgos)'라고 불렸던 옛 갈라타 탑과 구별할 필요가 있다. 이 탑은 갈라타 성채에서 언덕 아래 골든 혼 입구에 세워진 탑으로, 골든 혼의 출입을 막기 위해 반대편의 콘스탄티노플의 유제니우스Eugenius 탑과 거대한 사슬이 연결된 곳이었다. 하지만 탑은 1204년 제4차 십자군의 콘스탄티노플 약탈 때 파괴되었다.

갈라타 탑은 로마네스크 양식으로 지어졌으며 높이가 66.9m로 가장 높은 건축물이었다. 그래서 오스만 제국 시대에는 화재를 감시하는 소방 감시탑으로 활약했다. 당시 이스탄불에는 화재가 매우 빈번했다. 그래서 이 탑은 맞은편 파티흐 지역에 세워진 베야지트^{Beyazit} 탑과 함께 화재경보 기능을 했다. 마주보고 있는 두 탑은 오늘날에도 이스탄불의 멋진 스카이라인을 이루며 서 있다. 제이슨 굿윈의 소설에는 이 내용이 잘 묘사되어 있다.

> "갈라타 탑에서 운영하는 예니체리 소방탑이 더 있다. 바로 갈라타 소방탑이다. … 목조 가옥들은 '일곱 언덕'의 경사지에 마른 부싯깃처럼 모였다. 사람들이 부주의하게 화로를 발로 차거나 촛불을 쓰러트리는 일이 반복되어 수백 년간 화재가 이어졌다. 10년이 멀다 하고 도시의 일부분이 화제로 전소했다. 그러나 이 건물이 아직도 건재하다는 건 갈라다 탑을 만든 제노바 장인 건축가들의 지혜를 입증하는 셈이었다."[32]

작은 광장을 돌아 갈라타 탑을 마주하고 섰다. 9층 높이의 탑에서 제노바인들이 건설한 것은 아래쪽의 3층 정도이고 나머지 위쪽은 오스만 양식으로 남았다. 오래된 건축물이 온전히 하나의 양식으로 남기에는 불가능할 것이다. 다만 그 건축물이 현재까지 남아있다는 것은 보존하려는 꾸준한 손길이 있었기에 가능한 것이다. 우린 간혹 건축물의 역사에서 그 사이의 시간들을 잊곤 한다. 짓는 것 못지않게 유지하고 보존하는 것 또한 높이 평가받아야 한다.

---

32 제이슨 굿윈, 《환관탐정 미스터 야심》, 비채, 2007

오랜 역사와 다양한 양식을 품고 있는 갈라타 탑의 위용은 여전했다. 그러나 입구에서 엘리베이터 탑승 순서를 기다리는 긴 줄의 관광객들을 보자 역사적 건축물을 보고 싶었던 기대는 순식간에 사라졌다. 예전 소방 관제탑으로서의 역할은 관광 전망대로 넘어갔다. 더구나 관광객을 위해 레스토랑과 나이트쇼를 감당해야 하는 갈라타 탑의 운명을 생각하니 씁쓸한 마음이 가시지 않았다.

"세월은 흐르고 그 뒷이야기는 비극이 될지 희극이 될지 아무도 모른다."

ISTANBUL-9
오스만 황실 여성들의 모스크
-위스퀴다르의 미마르 시난 지구-

> "아침저녁으로 멀리서 보던 이 페리를 타고 도시의 한편에서 다른 한편으로 가는 것은 여행을 나서는 것이며, 그렇기 때문에 도시 안의 세계를 외부에서 바라보는 희열을 안겨준다."
>
> - 오르한 파묵

보스포루스의 수상버스 페리

탁심 광장은 높은 언덕에 위치해 있어서 카바타쉬 트램 역으로 가려면 가파른 계단을 내려가야 한다. 골목의 오래된 집들 사이를 걸어 내려가다 보면 보스포루스 해협과 건너편 아시아 지역이 멋진 풍경을 이루고 있다. 특별히 오늘은 그 풍경에 마음을 뺏겨 자주 걸음을 멈추고 바라보았다. 수상버스 페리를 타고 보스포루스 해협을 건너 맞은편 아시아 지역으로 가는 날이기 때문이다.

카바타쉬 Kabataş 항구는 카바타쉬 트램 역 앞에 있다. 페리 티켓은 일반 교통 카르트로 이용이 가능해서 따로 구입하지 않아도 되었다. 그만큼 수상버스는 일반 대중교통인 것이다. 그래서인지 자주 운행되어서 곧바로 배에 승선할 수 있었다. 이미 출근 시간이 지나서 배 안은 한산하고 여유로웠다. 수상페리는 2층 구조로 된 작은 배로 1층은 선실이고 2층은 오픈 구조로 되어 있었다. 바닷바람이 차가울 것 같아서 1층 선실에 앉았는데 작은 배여서 그런지 선체가 낮아서 바로 옆으로 바닷물이 넘실거리는 것이 보였다. 게다가 배의 출렁거림도 심했는데, 특히 주위에 큰 배가 지나가면 물살에 배가 몹시 흔들렸다. 이렇게 배를 타고 해협에 들어와 보니 육지에서 바라볼 때와는 달리 상당히 많은 배들이 오가고 있다는 걸 알 수 있었다. 예로부터 흑해와 지중해를 연결하는 보스포루스 해협은 해상무역의 주요 항로였는데, 지금도 변함이 없었다.

위스퀴다르

배를 탄 지 10분 정도 지났을까, 위스퀴다르 항구가 눈앞에 보였다. 이렇게 짧은 시간에 유럽에서 아시아 대륙으로 넘어온 것이다. 개찰구를 빠져나오니 넓은 광장이 있고 해안을 따라 길이 이어져 있었다. 그리고 건너편으로 유럽 지구가 한눈에 보였다. 정면으로 돌마바흐체 궁전과 왼쪽으로 갈라타 탑이 보이고, 그 너머로 구시가지인 파티흐 지역이 어슴푸레하게 보였다. 여기서 보니 이스탄불이란 도시가 새롭게 보였다.

아나톨리아의 서쪽 끝, 아시아 대륙의 끝인 이곳의 이름은 위스퀴다르Üsküdar[33]이다. 고대 그리스 시대에 위스퀴다르는 비잔티온Byzantion과 칼케돈Chalcedon[34]에 비해 별로 주목받지 못한 지역이었다. 하지만 비잔티온이 콘스탄티노플로 발전하게 되자 상황이 바뀌었다. 보스포루스 해협 끝에 위치한 위스퀴다르는 콘스탄티노플과 더 가까웠기 때문에 각광을 받았다. 위스퀴다르는 항구와 조선소로 사용되었고 흑해를 오가는 선박들에게 통행료를 받았다. 반면에 콘스탄티노플의 건너편에 위치해 있어 오히려 표적이 되기도 했다. 1338년 오스만의 지도자인 오르한 가지Orhan Gazi가 처음으로 콘스탄티노플이 보이는 이곳에 기지를 만들었다. 이것은 결국 메메트 2세가 콘스탄티노플을 함락시키게 되는 초석이 되었다. 또 오스만 제국 시대에는 아시아에서 온 카라반들의 종착지이자, 동시에 메카로 성지순례를 떠나는 이들의 출발지가 되어 크게 번성하였다. 다음은 당시 모습을 실감나게 그린 찰스 피츠로이의 글이다.

> "이스탄불의 중심지와 비교해보면 좀 더 전원적인 풍경인 이곳이 가장 활기 넘치는 때는 바로 매달 사막을 건너온 대상인 카라반이 도착하는 시간이다. 수백 마리가 넘는 낙타와 당나귀들이 양탄자며 깔개, 향료와 향신료 그리고 노예와 황금을 가득 싣고 저 먼 페르시아와 시리아의 도시들로부터 도착하는 것이다. … 이곳에서는 카라반들뿐만 아니라 매년 메카를 향해 성지순례를 떠나는 순례객들의 모습도 볼 수 있는데 때로는 그 모습이 더 흥미로울 때도 있다."[35]

---

33 위스퀴다르의 지명은 고대 그리스시대에는 황금의 도시라는 뜻의 '크리소폴리스(Chrysopolis)'로, 비잔티움 제국시대에는 '스쿠다리온(Skoutarion)'으로 불렸다. 오스만 제국 이후부터 '위스퀴다르'로 불리고 있다.
34 칼케돈은 '맹인의 도시'로 알려졌다. 헤로도토스가 쓴 《역사》를 보면, 페르시아 장군 메가바주스가 입지적 조건이 좋은 비잔티온을 놔두고 굳이 이곳에 도시를 만든 사람들은 눈이 멀었다고 말한 내용에서 비롯되었다.
35 찰스 피츠로이, 《18세기 오스만 제국의 수도 이스탄불에 가다》, 시그마북스, 2014

오늘날 위스퀴다르에는 무려 180여 개의 모스크가 있는데 대부분 오스만 제국 시절에 건설되었다. 특히 오스만 황실의 여성들이 지은 모스크가 많은 점이 매우 흥미롭다. 왜냐하면 오스만 제국은 호전적이고 여성은 종속적이라는 이미지가 강하기 때문이다. 하지만 오스만 제국의 역사 속에서 황실 여성들의 역할은 생각보다 컸고, 특히 권력의 교체기에는 더욱 그랬다. 그 정점에는 술탄의 어머니인 발리데^{Valide} 술탄이 있다. 이들이 자신의 권위를 드러냈던 방법은 모스크와 퀼리예를 짓는 것이었다. 모스크 중에는 도서관, 학교, 병원, 무료급식소 등이 함께 있는 복합단지도 있었는데 이를 '퀼리예^{külliye}'라고 한다. 에미뇌뉘 항구 앞에서 자주 보았던 예니 자미$^{Yeni\ Camii}$[36]와 므스르 차르슈가 대표적인 사례다. 그래서 위스퀴다르에서 만나 볼 오스만 시대의 모스크가 무척이나 기대되었다.

쉠시 파샤 자미

위스퀴다르 광장에서 해안을 따라 걷다가 작고 아담한 모스크를 발견했다. 보스포루스 해안가에 접한 모스크들 중에는 특별히 유명한 모스크가 많아서 기대를 하고 들어갔다. 이곳은 미마르 시난이 만든 가장 작은 모스크인 쉠시 파샤 자미$^{Şemsi\ Paşa\ Camii}$였다. 모스크 안에는 작은 마당과 예배당이 있었다. 마침 예배당으로 들어가는 사람들이 있어 안으로 따라 들어갔다.

---

36 예니 자미는 사피예 발리데(Safiye Valide)와 투르한 발리데(Turhan valide)에 의해 60여 년에 걸쳐 지어진 모스크다. 퀼리예로 만들어진 부속 건물들 중에는 '향신료 시장'으로 유명한 '이집트 바자르(Mısır Çarşısı)'가 있다. 에미뇌뉘 지역의 주요 랜드마크다.

예배당의 내부는 정말 작았다. 그래도 돔의 천장이 높아 답답하지 않고 스테인드글라스 창으로 빛이 들어와 신비로운 분위기를 자아냈다. 쉠시 파샤의 영묘가 있는 옆방과는 황동 철제로 만들어진 틈새 사이로 커튼이 쳐져 있었다. 햇살에 비친 창가에서 사원의 분위기를 느껴보았다. 잠시 후 기도를 드리려는 사람들에게 자리를 내주고 우리는 작은 마당의 한 켠에 앉았다.

쉠시 파샤는 오스만 제국의 가장 유명한 재상인 소쿨루 파샤Sokollu Mehmet Pasha가 지은 멋진 모스크에 새똥이 많은 것을 눈여겨보았다고 한다. 그래서 건축가 미마르 시난에게 새똥으로 더럽혀지지 않는 모스크를 지어달라고 주문했다. 오랜 고민 끝에 결국 시난은 요청에 맞는 모스크를 완성했다. 해답은 지형을 이용해 새들의 접근을 막는 것이었다. 흑해에서 부는 북풍과 마르마라 해에서 이는 남풍이 교차하는 바로 이곳이 최적지였다. 두 개의 서로 다른 바람이 충돌하기 때문에 새가 쉽게 내려앉지 못했던 것이다. 이후 500년 동안 이 모스크에서는 새를 찾아볼 수 없었다고 한다. 지금 우리가 둘러보아도 새가 날아다니거나 새똥의 흔적은 찾아볼 수 없었다.[37]

예니 발리데 자미

쉠시 파샤 자미를 나오니 길 건너편으로 큰 규모의 모스크가 보였다.

---

37 흥미롭게도 이스탄불 사람들은 이 모스크를 '아스파라거스'란 뜻의 '쿠쉬콘마즈(Kuşkonmaz) 모스크'라고 부른다. 그런데 이 단어를 보면 '쿠쉬(새)+콘마즈(오지마)'의 합성어로 '새들이 앉지 않는다'라는 뜻도 된다. 일종의 언어유희이다.

두 개의 미나레트에 중앙 돔과 세미 돔으로 둘러싸인 모스크였다. 그런데 막상 입구에 도착해서보니 모스크 주변으로 너무 한적해서 선뜻 들어가지 못했다. 그때 안에서 한 노인이 선한 미소를 지으며 들어오라고 손짓을 했다. 그제야 마음이 놓여 용기를 내어 안으로 들어갔다. 아직까지도 우리는 모스크를 방문하는 것에 조심스러웠다. 간혹 외부인에게 공개하기를 꺼려하는 종교시설도 있으리라 생각했기 때문이다. 하지만 그건 괜한 걱정이었다. 튀르키예를 여행하는 동안 금요 기도시간을 제외하고는 모두들 환영해 주었기 때문이다.

모스크의 중정에 들어가 정면의 모습을 사진에 담고 안으로 들어가니 본당은 생각보다 높은 돔 천장에 은은한 위엄을 자아냈다. 한낮의 햇살이 모스크 실내에 가득 들어와 환하게 비췄다. 본당 안에는 사람이 거의 없어 온전히 건축물을 감상할 수 있었다. 그중 미흐랍을 감싼 녹색의 타일이 가장 눈에 띄었다. 방금 들어온 한 젊은 청년이 회랑 끝으로 가서 조용히 기도를 드리다가 쿠란을 펼쳤다. 한 노인은 본당 기둥에 기대어 창으로 들어오는 햇살을 받으며 작은 책을 읽고 있었다. 신성한 기운이 넘치는 조용한 예배당을 온몸으로 느낄 수 있었다.

예니 발리데 자미 Yeni Valide Camii는 술탄 아흐메드 Ahmed 3세의 어머니였던 귈누쉬 Gülnûş 술탄에 의해 건립되었다. 18세기 초 오스만의 고전기가 물러가고 튤립시대[38]가 막 열리려던 때에 지어졌다. 이 시기의 돔은 비례적으로 더 높고 좁은 경향을 띠었다. 아까 본당에서 본 돔이 그러했다.

---

38 튤립시대(1718~1730)는 대외 융화정책을 취하여 서구의 우아한 문화가 발전했던 시기이다. 당시 크게 유행했던 튤립에 비유하여 붙인 이름이다.

중정에서 왼쪽으로 돌아가니 모스크의 옆으로 긴 정원이 나왔다. 앞쪽 출입문쪽으로 귈누쉬 발리데의 무덤이 있었다. 이 모스크를 지은 귈누쉬 발리데는 술탄을 두 명이나 배출했기에 막강한 권력을 누릴 수도 있었지만 앞으로 나서지 않았다고 한다. 그래서인지 그녀는 에디르네에서 사망했지만 이곳에 묻혔다. 실제로 무덤이 매우 특이했는데, 영묘의 돔과 벽이 모두 금속 격자 구조로 열려 있어 마치 예쁜 새장처럼 보였다.

보스포루스 수산시장

위스퀴다르 사람들이 살아가는 생활 모습을 보기 위해 보스포루스 수산시장 Boğaziçi Balık market에 갔다. 시장에는 생활 식료품을 파는 일반 재래시장도 있었다. 커피 냄새가 가득해 둘러보니 커피 원두를 갈아 파는 곳이 있었다. 이른바 '오스만식' 커피는 원두 가루를 제즈베 Cezve라는 작은 냄비에 넣고 끓인 후 설탕을 첨가해 마시는 것인데, 우리에게는 약간 색다른 커피다. 낯선 이방인의 관심에 원두 가게 점원은 호객 행위도 하지 않고 그저 수줍게 웃기만 했다. 시장을 둘러보니 수산물도 싱싱하고 채소와 과일도 풍성했다. 고소한 냄새에 이끌려 찾아간 곳은 견과류를 파는 가게였는데 이집트 콩을 볶아서 팔고 있었다. 우리는 말린 살구와 견과류를 사서 먹어보았는데 맛이 고소했다. 확실히 관광객들을 상대하는 바자르와는 다르게 서민적인 분위기의 시장이었다.

다음으로 방문할 아틱 발리데 자미 Atik Valide Camii를 찾다가 길을 잃고 말았다. 한참을 헤매다보니 점심시간이 훌쩍 지나버려 주위에 있는 카페 겸 식당에 들어갔다. 주문한 음식을 기다리는 동안 책장에 비치된 책들을 구경하다 깜짝 놀랐다. 튀르키예어로 된 호메로스의 《일리아드》와 《오디세이》, 헤로도토스의 《역사》가 있었기 때문이다. 평범한 식당에 이런 책이 아무렇지도 않게 꽂혀 있어서 그런 건지, 아니면 이야기의 주요 배경인 트로이가 가까운 곳에 있어서인지 잘 모르겠지만 매우 놀라웠다. 그러고 보니 작가들도 모두 오늘날의 튀르키예 지역 출신이다.[39] 늦은 점심과 함께 홍차를 마시며 귀한 책들에 둘러싸여 잠시 쉬었다.

미흐리마흐 자미

미흐리마흐 자미(Mihrimah Camii)[40]로 가기 위해 식당을 나서니 골목이 끝나는 곳에 모스크가 자리잡고 있었다. 본당 안으로 들어서서 보니 천장은 커다란 중앙 돔과 세 개의 세미 돔으로 되어 있었다. 돔 주위의 수많은 창들에서 빛이 들어와 영롱한 분위기를 자아냈다. 이제 모스크에 조금은 익숙해져서인지 건축물의 구조와 여러 부분들이 보이기 시작했다. 예배당의 신성한 분위기를 느끼며 잠시 머물렀다.

미흐리마흐는 쉴레이만 대제와 하키세 휘렘의 딸로, 후에 대재상이 되는 뤼스템 파샤와 결혼했다. 특히 어머니 휘렘이 죽은 후 아버지 쉴레이만에게 조언자 역할을 했고, 다음으로 술탄이 된 동생 셀림 2세 시대에는 발리데 역할까지 한 여성이다. 그녀도 역시 백성들을 위해 모스크

---

39 호메로스는 스미르나(Smyrna), 오늘날의 이즈미르 출신이었고, 헤로도토스 또한 남부의 할리카르나소스(Halicarnassus), 오늘날의 보드룸 출신이다.
40 위스퀴다르 항구 앞에 있어서 '이스켈레(부두) 자미'라고도 불린다.

복합단지 퀼리예를 두 군데 건설했다.[41] 그중 먼저 지은 것이 이 모스크이고, 또 다른 미흐리마흐 자미는 파티흐 지역의 여섯 번째 언덕 정상에 지어졌다. 두 모스크 모두 미마르 시난의 작품이다.

마지막으로 위스퀴다르 광장에 나가 주위를 둘러보았다. 왼쪽의 위스퀴다르 부두로부터 시작해 미흐리마흐 자미가 있고, 정면으로는 예니 발리데 자미, 오른쪽 해안가로는 멀리 쉠시 파샤 자미가 보였다. 정면의 언덕에는 위스퀴다르에서 가장 독보적인 아틱 발리데 자미도 있었다. 그러고 보니 예니 발리데 자미를 제외하고는 모두 미마르 시난이 건축한 모스크들이다. 그래서 위스퀴다르 지역에서도 특별히 이곳을 '미마르 시난 지구Mimar Sinan Mahallesi'라고 부른다. 그렇다면 오늘 우리의 위스퀴다르 여행은 '미마르 시난이 지은 황실 여성들의 모스크 건축 여행'이라 할 수 있지 않을까?

마르마라 해로 태양이 제법 기울었다. 위스퀴다르 부두에서 페리를 타고 다시 카바타쉬 항구로 향했다. 오늘이 이스탄불에서의 마지막 날이다. 내일부터는 이스탄불을 떠나 본격적으로 아나톨리아의 도시들을 만나볼 예정이다. 그렇다면 오늘의 위스퀴다르의 여행은 아시아 지역, 즉 아나톨리아 여행의 시작을 알리는 전초전이었던 셈이다. 이제 보스포루스 해협과 작별을 구하고 아나톨리아를 만나러 간다.

---

41 4월에서 5월 사이에 베야지드 지역에서 두 모스크를 바라보면, 구시가지의 미흐리마흐 자미 뒤로 태양이 질 때 위스퀴다르의 미흐리마흐 자미 위로 달이 떠오르는 모습을 볼 수 있다고 한다. 참고로 공주의 이름인 미흐리마흐는 페르시아어로 '태양'과 '달'을 의미한다.

모스크 MOSQUE

모스크는 이슬람교의 사원으로, 무슬림들이 기도를 드리는 곳이다. 예배의식을 치르는 다른 종교의 사원과 비교해볼 때 건축구조가 비교적 단순한 편이다. 그렇다고 모스크가 단조롭다는 말은 아니다. 각 지역의 특성을 고스란히 간직한 모스크들은 다양한 모습을 지니고 있다. 다음의 「모스크 건축 용어」는 이스탄불과 아나톨리아의 도시들을 여행하는 동안 만나는 다양한 모스크를 이해하는 데 도움이 될 것이다.

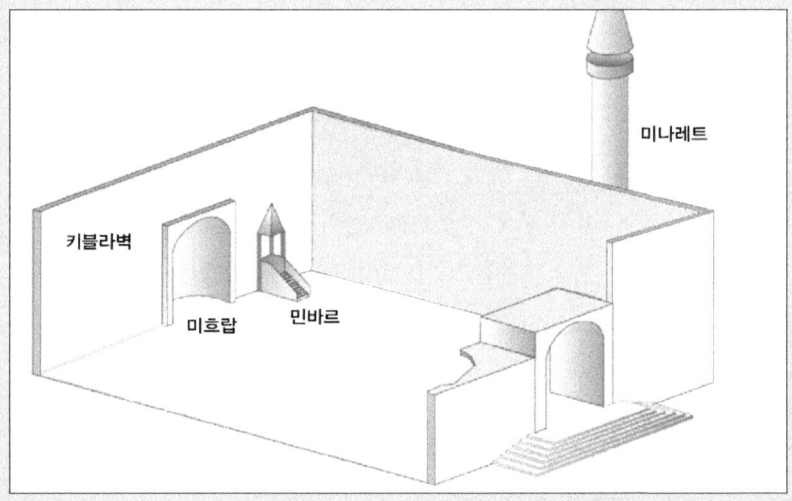

모스크 건축 용어

돔 Dome 반구형으로 된 지붕
마드라사 Madrasa 이슬람 교육을 위한 신학교
메카 Mecca 무함마드가 이슬람교를 창시한 곳. 이슬람교 최고의 성지
무에진 Muezzin 미나레트에서 기도 시간을 알려 주고 쿠란의 말씀을 낭독하는 사람
무카르나스 Muqarnas 이슬람 건축에서 천장을 장식하는 일종으로 벌집 모양의 형태
미나레트 Minaret 하루에 다섯 번씩 기도 시간을 알려주는 이슬람 사원에 있는 첨탑
미흐랍 Mihrab 메카 방향을 가리키는 키블라 중앙에 있는 벽감
민바르 Minbar 금요 예배에서 설교를 하는 계단으로 된 높은 연단
세미돔 Semi-dome 반쪽으로 된 돔
샤디르반 Shadirvan 이슬람 사원에서 예배를 드리기 전에 손과 발을 씻는 세정 시설
이마레트 Imaret 이슬람 사원에 딸린 무료 식당
이맘 Imam 이슬람교에서 예배를 이끄는 사람
주랑현관 Portico 여러 개의 기둥이 지붕을 받치고 있는 현관
카바 신전 Kaaba 이슬람교도들이 기도할 때 바라보는 메카에 있는 큰 신전
카라반사라이 Caravanserai 상인들이 묵는 숙소로 마굿간이 있다.
쿠란 Koran 이슬람교의 경전
퀼리예 Külliye 사원과 부속 건물로 이루어진 건물 단지
키블라 Qibla 메카를 향하는 가상의 선
키블라 벽 Qibla Wall 키블라와 직각을 이루며 서 있는 예배당 전면에 있는 벽
튀르베 Türbe 무슬림 묘소나 무덤, 영묘
펜덴티브 Pendentive 돔을 받칠 원형토대를 위해 아치 구조물 사이에 쌓아올린 지지물
한 Han 1층에 가게를 둔 2층 건물의 숙박 시설

ISTANBUL

IZMIR

ANTALYA

2부 – 아나톨리아의 도시들

IZMIR
- 에게 해와의 만남
- 오스만 실크로드의 종착지
- 스미르나의 옛 영광
- 아르테미스 신전의 도시
- 고대 도시에서 살아난 역사적 상상력
- 이즈미르의 역사적 상흔
- 역사의 상처를 딛고 일어선 이즈미르

ANTALYA
- 지중해를 품은 안탈리아
- 칼레이치 골목에서 길을 잃다
- 안탈리아에서 옛 성당을 찾다
- 지중해 해변을 걷다
- 안탈리아의 문화를 접하다

KONYA
- 메블라나 루미의 도시
- 메블라나 루미의 시대
- 튀르키예 셀주크조의 수도
- 모스크와 에잔의 도시
- 신과의 합일을 향한 몸짓, 세마

ANKARA
- 튀르키예의 수도
- 아나톨리아의 문명을 보다
- 튀르키예의 아타튀르크
- 앙카라의 1번지

낯선 풍경과의 조우

Istanbul → Izmir

이스탄불을 떠나 이즈미르로 가는 날이다. 이제부터 본격적인 아나톨리아의 도시 여행이 시작되는 것이다. 아침 일찍 탁심 광장 근처에 있는 메트로Metro 장거리 버스 사무소에 갔다. 튀르키예에서는 각 버스 회사들이 탑승객을 무료로 버스터미널까지 데려다 주는 세르비스servis 셔틀버스를 운영하고 있다. 그런데 약속된 시간보다 세르비스 버스가 늦게 도착한 탓에 우리는 이스탄불 아침 출근시간의 교통지옥을 그대로 겪어야 했다. 더구나 늦게 온 차는 제시간에 도착하려고 무지막지한 속도로 달려서 우리를 공포에 떨게 했다. 그런데 더 놀라운 건 창밖의 도시 풍경이었다. 도시의 산과 언덕을 가득 메운 집들과 무질서하게 개발되고 있는 모습은 몹시 충격적이었다. 이스탄불의 민낯을 보는 것 같았다.

알리베이쾨이 Alibeyköy 버스터미널은 이스탄불의 유럽 지구에 위치한 터미널 중 하나다. 배낭을 메고 서둘러 허겁지겁 플랫폼으로 달려가 보니 그때 마침 이즈미르행 버스가 들어왔다. 목적지를 확인하고 차에 오르고 보니 버스는 생각보다 넓고 쾌적했다. 튀르키예의 버스 문화는 독특하게도 운전기사 외에 차장도 함께 타고 있다. 우리가 탄 버스의 차장은 젊은 청년이었는데 승객을 돌보기도 하고 출발을 체크하기도 했다. 그리고 버스가 출발하자 카트를 밀고 와서 음료와 과자도 나눠주었다. 그 모습이 신선해 계속 쳐다보다가 버스의 움직임을 잠시 놓쳤다. 사실 오늘 이즈미르로 가는 길은 보스포루스 해협을 다리로 건너게 된다. 보스포루스 대교를 건널 생각에 아침부터 굉장히 들뜬 마음으로 기대하고 있었다. 그런데 한참을 달려도 보스포루스 해협이나 다리가 보이지 않았다. 오히려 나무들이 드문드문 있는 숲을 지나고 있었다. 그때였다. 버스가 크게 우회전을 하자 왼쪽으로 거대한 바다가 펼쳐졌다. 그리고 버스는 갑자기 나타난 다리를 거침없이 올랐다.

거대하게 펼쳐진 바다는 바로 흑해였다. 그리고 우리가 건너고 있는 다리는 보스포루스 해협의 세 번째 다리인 야부즈 술탄 셀림 대교였다. 지난번 보스포루스 크루즈 여행 때 배 위에서 보았던 바로 그 다리다. 우리는 한없이 넓고 고요한 흑해를 바라보았다. 아주 먼 옛날 에욱시네 호수였던 곳이자 대홍수 신화의 무대였던 곳을 지나고 있다고 생각하니 감동이 더했다. 비록 기대했던 보스포루스 대교는 아니었지만 우리는 야부즈 술탄 셀림 대교를 건너 아시아 대륙, 아나톨리아로 넘어갔다. 이제부터 우리는 아나톨리아의 여러 문명을 간직한 도시들을 차례로 방문할 예정이다. 맨 먼저 에게 해의 이즈미르부터 남부 지중해의 안탈리아,

중부 대평원의 콘야, 아나톨리아의 고원 앙카라까지 이르는 여정인데 각기 고유한 역사을 간직한 도시들이어서 기대하는 바가 컸다.

아시아 대륙으로 넘어온 버스는 몇몇 버스 정류소들을 지나더니 남동쪽을 향해 곧장 달리기 시작했다. 창밖의 풍경도 바뀌어 있었는데, 드넓게 펼쳐진 들판은 약간 척박해 보였다. 이제부터 본격적으로 아나톨리아 반도의 본모습을 보는가 싶었다. 한동안 광활한 들판만 이어지다가 오른쪽으로 바다가 얼굴을 내밀었다. 바로 마르마라 해$^{Marmara\ Denizi}$였다. 누가 저것을 보고 내해라고 생각할까 싶을 정도로 거대했다. 바다에 눈을 떼지 못하는 사이 눈앞에 다리가 또 나타났다.

바로 오스만 가지 대교$^{Osman\ Gazi\ Köprüsü}$[42]였다. 앞서 셀림 대교를 건너며 흑해를 바라보았는데, 이번엔 오스만 가지 대교를 건너며 마르마라 해를 보게 되었다. 버스를 타고 이동하며 보스포루스 해협과 연결된 두 바다를 연달아 보게 되니 마치 지도 위를 횡단하고 있는 것 같았다. 버스는 시원하게 뚫린 고속도로를 힘차게 달렸지만 가끔씩 스쳐 지나는 부르사^{Bursa}[43], 차낙칼레^{Çanakkale}[44] 등의 표지판들이 우리를 못내 아쉽게 만들었다. 역사적인 장소였던 도시들을 그려보는 사이 오늘의 목적지인 이즈미르에 도착했다.

---

42 오스만 가지 다리는 총 길이 2,682미터의 긴 현수교이다. 마르마라 해의 이즈미트 만(İzmit Körfezi)을 가로지르는 다리는 2016년에 개통되었는데, 이스탄불과 이즈미르 간의 이동시간을 거의 3시간이나 줄였다.

43 부르사는 오스만 제국의 두 번째 수도였던 곳이다. 그래서 오스만 제국의 초기 건축물들이 남아 있다. 오스만이 유럽 대륙의 트라키아 반도로 진출한 뒤에는 수도를 에디르네(아드리아노플)로 옮겼지만, 이후에도 아나톨리아의 주요 거점 도시였다.

44 차낙칼레는 다르다넬스 해협을 두고 유럽과 아시아 지역을 품은 지역이다. 1차 세계대전에서 갈리폴리 전투로 알려진 겔리볼루 전투가 벌어졌던 곳이다. 그리고 가까운 곳에 역사적으로 유명한 트로이 유적지가 있다.

이즈미르 시외버스터미널에 내려 세르비스 버스를 알아보니 다행히도 숙소 근처까지 운행한다고 한다. 오래된 철도역 바스마네 역을 향해 가는 버스가 출발하자 벌써 어둠이 내려앉고 있었다.

IZMIR-1

에게 해와의 만남
- 이즈미르의 코낙 광장 -

역사적인 도시 이즈미르

낯선 여행지에서의 첫날은 늘 기대 반 걱정 반으로 보내기 마련이다. 어제 낯선 도시에 도착해 숙소에 들어왔을 때는 이미 해가 지고 난 후였다. 아침에 일어나 숙소의 커튼을 걷으며 이즈미르의 도시 풍경과 처음 만났다. 그런데 창밖에는 언덕 너머 산에 이르기까지 온통 수많은 집들이 가득 채우고 있었다. 게다가 산 위에는 튀르키예의 거대한 국기까지 나부끼고 있었다.

우리가 본 산은 파고스^{Pagos} 산이었다. 알렉산드로스 대왕 시대에 지어진 유명한 카디프칼레^{Kadifekale}라는 성이 있는 곳이다. 낮은 산이지만 해안 지역이 있는 이즈미르에서는 어디에서든 볼 수 있어 이곳의 랜드마크라고 할 수 있다. 낯선 도시와의 첫 만남은 이렇게 놀라움의 연속이다.

이즈미르^{Izmir}란 명칭은 그리스어 스미르나^{Smyrna}를 튀르키예어로 발음한 것이다. 이즈미르의 역사는 고대 트로이 시대까지 거슬러 올라가지만, BC 4세기경 알렉산드로스의 부하가 파고스 산에 요새를 건설하고 나서야 중요한 요충지가 되었다. 아시아 지역에서 온 물품이 에게 해를 거쳐 유럽 지역으로 넘어가는 최적의 루트 위에 놓여 있기 때문에 많은 상인들이 모여들었고, 이 지역을 손에 넣으려는 이들의 각축장이 되기도 했다. 오스만 제국 초기에는 잠시 그 영향력이 줄어들었지만 17세기에 유럽인들의 주요 항구가 되면서 또다시 각광을 받았다. 19세기 후반에는 최초로 철도가 놓였는데 이즈미르 항구에서 아나톨리아로 신속하게 연결하기 위해서였다. 그리고 20세기 초 오늘날 튀르키예 공화국 건설의 발판이 된 튀르키예 독립전쟁의 마지막 격전지도 바로 이곳이다.

이즈미르에서 주로 방문할 곳은 역사지구인 '코낙 지역'이다. 원래는 이즈미르 지역이었지만, 그 명칭이 시와 주를 부르는 이름으로 바뀌면서 이제는 코낙 지역으로 불리게 되었다. 코낙^{Konak}은 이즈미르 총독 저택의 이름에서 유래되었는데 오늘날에도 여전히 코낙 광장을 중심으로 주요 관공서가 모여 있다. 코낙 지역은 코낙 광장, 상업의 중심지인 케메랄트 시구, 이즈미르의 오랜 철도역 중 하나인 바스마네 지구, 그리고 이즈미르 최고의 항구가 있는 알산작 지구로 나누어져 있다. 이 네 지역을 모두 걸어서 탐방해 보려고 한다. 이제는 거대해진 시의 작은 지역에 불과하지만 코낙지역은 이즈미르의 역사적인 면모를 제대로 살펴볼 수 있는 곳이다.

이즈미르 여행의 첫날, 제일 먼저 에게 해를 보고 싶었다. 에게 해는 그리스를 사이에 두고 있으며 아나톨리아의 서쪽에 있는 바다이다. 또한 지중해의 북동쪽 바다에 해당한다. 에게 해에 접한 아나톨리아 지역은 고대 그리스 시대에 이오니아^{Ionia} 지방으로 불리던 곳이다. 고대 그리스의 식민지로 건설된 도시들에서 서양 철학이 시작되었다. 고대 그리스 철학의 시조인 탈레스를 비롯하여 아낙시만드로스, 아낙시메네스, 헤라클레이토스 등의 철학자들이 이곳에서 활동했으며, 이들은 이오니아학파로 알려졌다. 뿐만 아니라 고대 그리스의 주요 건축양식 중 하나인 이오니아 양식도 여기에서 나왔다. 이렇듯 아나톨리아 반도의 서쪽에서 서양 문화가 발흥했다는 점이 흥미롭다. 그리고 에게 해는 이오니아 지방과 고대 그리스의 도시들을 연결하는 바다로 수많은 역사와 신화의 배경이 되었다.[45]

코낙 광장

바스마네 역[46]에서 정면으로 나 있는 직선대로를 따라 걷기 시작했다. 이 길은 케메랄트 시장과 연결되어 있고 거기서 조금 더 가면 에게 해에 도착할 수 있다. 가는 도중에 상점도 구경하고 이국적인 가로수와 사람들이 살아가는 풍경도 만나며 끝이 보이지 않는 긴 대로를 따라갔다. 한

---

45 에게 해라는 이름 역시 아테네의 영웅 테세우스가 죽은 줄 오해해 절망한 채 바다에 투신해 죽은 테세우스의 아버지 아우게우스(Aegeus)의 이름에서 유래했다고 전해진다. 물론 이밖에 여러 설들이 있지만 하나같이 모두 신화와 관련되어 있다.

46 아나톨리아에서 철도의 역사는 이즈미르에서부터 시작되었다. 아나톨리아의 상인들이 집결하는 곳이자 항만을 통해 유럽과 연결되기에 안성맞춤이었기 때문이다. 19세기 말 제국주의의 팽창으로 항구에 가까운 곳에 있는 '알산작 역'은 영국의 주도로 세워졌고, 케멜라트 시장과 연결되는 '바스마네 역'은 프랑스의 주도로 세워졌다.

참을 걸어 유서 깊은 코낙 광장Konak Meydanı에 도착했다. 광장 한가운데에는 도시를 대표하는 '이즈미르 시계탑'이 우뚝 서 있었다.

시계탑의 전통은 13세기 유럽에서 시작되어 16세기 말 오스만 제국으로 퍼졌다. 특히 압둘하미드 2세가 즉위한 지 25주년과 30주년이 되는 해에는 제국에 내린 칙령으로 곳곳에 많은 시계탑이 세워졌다. 술탄의 권위를 드러내기 위해 시계탑은 대부분 도시의 중심에 세워졌다. 눈앞에 보이는 이즈미르 시계탑 역시 술탄 압둘하미드 2세의 즉위 25주년을 기념해 1901년에 제작된 것이다. 겨울로 접어든 계절임에도 불구하고 광장에는 많은 관광객들이 시계탑에 모여 사진촬영을 하고 있었다.

광장 한편에서 아주 작고 아담한 모스크를 발견했다. 안내판에는 '코낙 알르 자미Konak Yalı Camii'라고 적혀 있었다. 1755년에 오스만 고전 양식으로 건축된 작은 모스크에는 하나의 미나레트와 팔각구조의 벽면 위에 단일한 돔이 얹혀 있었다. 원래는 모스크 벽면 전체에 타일이 있었지만 잦은 지진으로 손상되어 1964년에 일부만 복원되었다. 지금은 유명한 여성 도예가인 윔란 바라단Ümran Baradan이 만든 타일로 교체된 모습으로 초록색 타일로 덮여 있었다. 이렇게 우연히 코낙 광장의 또 하나의 유적을 만났다.

에게 해

에게 해Ege Denizi를 만나러 갔다. 광장을 가로질러 해안으로 걸어가는데 코낙 페리 항구에서 사람들이 물밀 듯 쏟아져 나왔다. 마침 배가 들어온 모양이다. 이즈미르 페리 항구에서 해안을 따라 길게 이어진 공원으로 걸어갔다. 드디어 눈앞에 에게 해가 펼쳐져 있었다. 사실 이곳은 깊숙이 들어와 있는 만(灣)이라 넓은 바다의 이미지는 아니다. 하지만 양 옆으로 길게 이어진 해안은 생각보다 좁지 않았고 바다 또한 끝없이 펼쳐져 있어서 에게 해와의 첫 만남은 기대 이상이었다. 바다는 호수처럼 무척이나 잔잔했다. 해안 공원에서 호젓하게 바다를 바라보는 사람들과 낚시꾼들 사이에 빈 벤치가 있어 잠시 앉아 호수같이 잔잔한 에게 해를 바라보았다.

이번 여행에서 이즈미르를 행선지 중 하나로 꼽은 이유는 바로 이곳이 이오니아 지역을 대표하는 곳이기 때문이다. 가까이에 북쪽으로는 페르가몬Pergamon, 남쪽으로는 에페수스Ephesus 등 역사적인 도시들이 있다. 또한 일곱 개의 초대교회 중 하나인 서머나 교회가 있었던 곳으로 초기 기독교의 역사적 장소이기도 하다. 무엇보다도 그리스의 고전《일리아드》와《오디세이》를 지은 호메로스의 고향으로도 알려져 있다. 이 또한 유력한 설이긴 하지만 말이다.

한없이 에게 해를 바라보다가 문득 자전거를 타고 다니며 뭔가를 파는 청년이 보였다. 숫기가 없는 어린 청년은 산책로 가운데에 자전거를 세워 놓고 팔고 있었다. 처음엔 뭘 파는지 몰랐는데 주위를 돌아보니 산책로에 있는 사람들이 하나같이 손에 종이 봉지를 들고 뭔가를 열심히 먹고 뱉고 있었다. 바로 해바라기 씨앗이었다. 우리도 청년에게 다가가 한 봉지를 샀다. 해바라기 씨앗은 꽤 컸고 짭조름한 소금이 묻혀 있었다. 어떻게 까서 먹는지 모른다고 하니 청년이 시범을 보여 주었다. 입에 넣고 깨물어 딱 소리와 함께 벌어지면 껍질을 까서 알맹이만 먹는다는 것이다. 그런데 그게 좀처럼 쉽게 되지 않아서 한 봉지를 다 먹을 때쯤에야 조금 알 것 같았다. 그렇게 기대하던 에게 해 앞에서 우리는 열심히 해바라기 씨를 까먹었다.

IZMIR-2

오스만 실크로드의 종착지
- 케메랄트 바자르 -

케메랄트 바자르

케메랄트 바자르^{Kemeraltı Çarşısı}는 오늘날 튀르키예에서 가장 큰 야외시장 중 하나다. 총 면적 270헥타르에 상점만도 15,000개가 넘게 들어서 있다. 하지만 처음 시장이 형성된 오스만 제국 시대에는 작은 규모의 바자르에 불과했다. 당시 시장에는 지붕을 덮은 회랑이 있어서 '아케이드'란 뜻을 가진 '케메랄트'라는 이름이 붙었다.

17세기 중반에 문을 연 시장은 다양한 상점들이 모여들기 시작해서 넓게 확장되었다. 당시 실크로드의 종착지였기 때문에 낙타와 카라반 상인들이 안전하게 밤을 보낼 수 있도록 많은 카라반사라이^{Caravansary}[47]와 여

---

[47] 카라반사라이는 낙타와 가축이 쉽게 드나들 수 있도록 큰 대문과 하늘이 뚫린 사각형의 건물로 이루어져 있다. 아래층에는 가축들이나 짐을 두고 위층에는 상인들이 머무는 숙소가 있다.

관[Han][48]들이 세워졌다. 가장 번성했던 19세기에는 100여개의 크고 작은 여관들이 있을 정도였다. 18세기 초반부터 프랑스와 영국 상인들이 들어오기 시작하면서 19세기에 이르면 그리스와 에게 해 섬에서 수많은 상인들이 무역을 했다. 이 시기 케메랄트 바자르는 이즈미르 무역의 중심지로 발전하게 되었다. 하지만 20세기로 접어들면서 과학기술과 교통수단의 발달로 시장과 무역은 크게 달라졌고 여관과 카라반사라이는 하나둘 문을 닫았다. 그후 도시의 일반 시장이 되었으나 여전히 오스만 시대의 옛 정취를 찾는 여행자들이 많이 모이는 곳이다.

히사르 자미

우리는 케메랄트 바자르가 크게 번성할 시기에 지형과 역사에 대해 알 수 있는 건축물을 찾아 나섰다. 케메랄트 바자르가 크게 확대할 때 그 시작점이 되었던 건물로, 이즈미르에서 가장 오래되고 큰 모스크인 히사르 자미다.

오늘날 코낙 광장과 시장 지역은 오래 전에 만(灣)의 지형을 띤 바다였고 로마시대 때부터 중요한 내항이었다. 그런데 시간이 지남에 따라 항구 바닥에 충적층이 쌓이면서 깊이가 얕아졌다. 17세기에는 대형 선박이 들어오지 못했고 18세기로 접어들면서는 소형 선박조차 정박할 수 없을 정도로 말라 버렸다. 그 해안지역을 메우면서 케메랄트 바자르가 형성된 것이다.

---

48 오스만 시대 숙박시설의 하나인 한(Han)은 대상(大商)들이 묵는 여관으로, 낙타 등 동물들을 수용하는 카라반사라이와 달리 1층에 상점들이 입주해 장사를 했다.

당시에 이곳에는 내항을 보호하는 요새가 있었다. 로마시대부터 지어졌던 요새는 여러 차례 복원과 개축을 통해 오스만 시대까지 존속했지만, 내항이 메워져 기능을 상실하자 시장이 되면서 19세기에 결국 허물어졌다. 그런데 여전히 내항으로서 기능을 하고 있었던 1598년에 요새 바로 옆에 모스크가 세워졌다. 히사르 자미Hisar Camii였다. 그래서 모스크의 이름에 성이란 뜻의 '히사르Hisar'가 붙은 것이다.

간간이 비가 떨어지는 가운데 드디어 히사르 자미에 도착했다. 시장 안에 있는 모스크는 왠지 낯설었다. 정문 안으로 들어가니 작은 안뜰이 나왔다. 행여 기도시간이랑 겹치지 않을까 걱정했지만 아주머니 두 분이 들어가도 괜찮다고 손짓을 해줘서 안심했다. 그분들도 이곳에 여행 온 튀르키예인 같았다. 그들을 따라 모스크의 예배당으로 들어갔다.

모스크 안은 환하고 정갈했다. 예배당 한가운데에는 포도송이처럼 생긴 샹들리에가 내려와 있었다. 그러고 보니 모스크 내부 벽에도 포도송이 문양이 많이 보였다. 천장을 보니 거대한 중앙 돔과 여섯 개의 작은 세미 돔이 있고 그 아래로는 여덟 개의 거대한 기둥이 돔을 받치고 있었다. 샹들리에에서 나온 빛이 은은한 아름다움을 뿜어냈다. 보기 드물게 성소 중앙에 미흐랍이 세 개나 있었는데, 모스크를 건설하는데 재원을 희사한 사람이 세 명이어서 그렇다는 걸 나중에 알게 되었다. 정숙하고 경건한 예배당에 잠시 머물다 나왔다.

크즐라아아스 하느

비는 여전히 흩뿌리고 있었다. 모스크를 나와 골목을 나서는데 오늘 찾아볼 예정의 또다른 건물을 바로 만났다. 이 건물의 입구에는 '크즐라아아스 하느^{Kızlarağası Hanı}'라고 새겨져 있었다.

18세기 초 이즈미르 지역은 항구를 중심으로 무역이 증가하여 급속한 경제 발전을 이루었다. 크즐라아아스 하느는 이즈미르 항구로 짐을 싣고 가는 상인들, 즉 카라반을 수용하기 위해 마련한 오스만 시대의 여관이다. 1745년에 지어진 크즐라아아스 하느는 숙소를 세운 인물 때문에 더욱 유명해졌다.

본래 크즐라르 아아스^{Kızlar ağası}는 술탄의 거처인 톱카프 궁전에서 금단의 구역인 하렘을 수호하는 환관 수장을 이르는 말이다. 보통 거세된 흑인 남성 노예 중에서 선택되었는데, 직책으로 인해 술탄과 고관에 이어 막강한 권력을 누렸다. 이들 중 가장 영화를 누린 환관이 18세기의 하즈 베쉬르^{Hacı Beşir}였다. 그는 술탄 아흐메드 3세와 마흐무트 1세 통치 기간에 걸쳐 총 29년 동안 크즐라르 아아스로 복무했는데, 90세의 나이로 사망한 후에야 그 직책에서 물러날 수 있었다. 생전에 막대한 부를 축적한 그는 오스만 제국 곳곳에 여러 건물과 자선단체를 지었다. 그중에서 크즐라아아스 하느는 해안과 가까워 장거리 여행자들에게 편의를 제공하는 거처로 인기를 누렸다. 당시에는 그의 이름을 따서 '하즈 베쉬르 하느^{Hacı Beşir Hanı}'라고 불렸다.

크즐라아스 하느에 들어서니 여느 오스만식 여관처럼 네모난 형태에 1층에 안뜰이 있는 2층 구조였다. 1층에는 다양한 수공예품과, 카펫, 보석류 등 관광상품을 판매하는 상점들이 들어서 있다. 그리고 안뜰의 멋진 카페 자리에는 예전에 분수와 수영장이 있었다고 한다. 상인들이 머물렀던 2층으로 올라가 보았다. 숙소는 이제 각종 공방과 골동품점로 바뀌어 있었다. 그래도 벽과 기둥, 천장은 옛 모습 그대로 보존되어 있어서 그 시절 카라반들이 북적였을 모습을 상상해 보기에 충분했다. 2층 복도를 거니는데 창밖으로 거대한 모스크의 돔과 미나레트가 보였다. 방금 다녀 온 히사르 자미였다.

케메랄트 바자르와 함께 부흥했던 이곳도 19세기에 이르러 제일 먼저 변화의 물결을 맞았다. 더 이상 낙타가 아니라 기차가 운송수단이 되면서 하룻밤 숙소나 짐 보관소 정도로 이용되었고 예전의 영광은 다시 오지 않았다. 하지만 오늘날에는 실크로드의 종점으로서 카라반의 흔적과 정취를 느끼려는 이들에게 각광을 받고 있다. 크즐라아스 하느를 나오니 그사이 비는 그쳐 있었다. 구름 사이로 햇살이 잠시 비쳤지만 해는 이미 기울어 하늘은 석양으로 물들고 있었다.

IZMIR-3
스미르나의 옛 영광
- 바스바네 지역의 아고라 유적지 -

성 부콜로스 교회와 이즈미르 언론 박물관

이즈미르의 바스마네 지역은 에게 해에 가까이 있는 코낙 광장과 케메랄트 지역보다 내륙 안쪽에 있다. 스미르나(서머나)가 역사적으로 고대 도시로 발돋움하게 된 곳으로 지금도 현장은 대규모 유적지로 남아 있다. 오늘은 고대시대의 영광, 스미르나의 역사적 현장을 찾아 나섰다.

가는 길에 역사적인 그리스 정교회 교회가 있다고 해서 잠시 들러보기로 했다. 그런데 낯설고 후미진 골목길 안으로 들어가도 좀처럼 찾을 수가 없었다. 포기하려고 할 때쯤 골목길에서 만난 아저씨가 바로 옆에 박물관이 있으니 가보라고 알려 주었다. 관공서처럼 보였던 박물관에 들어가 물어보니 뜻밖에도 교회가 있었다. 건물 안으로 들어가 보니 규모가 큰 교회는 아니었다. 그동안 오래 방치되었던 탓에 낡아있었고 벽에도 옛 성인들의 얼굴이 거의 지워진 채 남아 있었다.

성 부콜로스 교회 Aziz Vukolos Kilisesi는 그리스 정교회로 오스만 제국의 허가를 받아 1887년에 설립되었다. 이즈미르의 초대주교인 성 부콜로스와 성 폴리캅에게 헌정되었다. 1922년 스미르나 대화재 때 다행히 건재했지만, 그후 튀르키예인과 그리스인들 간의 인구교환으로 그리스인들이 대거 도시를 떠나면서 텅 비게 되었다.[49] 2008년 이즈미르 시의 요청으로 복원작업이 이루어져 오늘날에는 각종 문화행사를 개최하는 문화센터로 사용되고 있었다.

교회 건물을 둘러보고 나오는데 안내소의 직원이 급히 다가와 스마트폰 화면을 보여 주었다. 거기엔 교회 앞에 있는 별관 건물이 이즈미르 언론 박물관이니 관람하고 가라는 내용이 영어로 쓰여 있었다. 그 마음이 너무 고마워서 우리는 교회 맞은편에 있는 이즈미르 언론 박물관 İzmir Basın Müzesi으로 들어갔다. 이즈미르 언론의 역사와 기록물이 전시된 박물관에는 모든 안내가 튀르키예어로만 되어 있어서 아쉬웠지만 보도사진이나 영상물을 통해 이즈미르의 언론에 대한 자부심을 느끼기에 부족함이 없었다. 이즈미르에는 이렇게 크지 않은 작은 박물관들이 꽤 많이 있었다.

---

49 1923년 스위스 로잔에서 이루어진 그리스와 튀르키예 간의 인구교환 협정으로, 자국에 있는 그리스인이나 튀르키예인을 각각 본국으로 강제 추방한 조치를 말한다.

아고라 유적

아고라 유적Agora Ören Yeri은 찬카야 역 근처에서 파고스 산 방향으로 조금 올라 간 곳에 있었다. 담장이 철제 창살로 되어 있어서 밖에서도 안이 훤히 보였다. 넓은 유적지에는 몇몇 기둥들만 서 있을 뿐 오랜 세월 폐허 속에 묻혀 있던 곳이어서 그런지 황폐해 보였다. 그렇지만 유적의 규모와 건축물의 잔해는 예전 도시의 중심이었음을 말해주고 있었다.

옛 도시 스미르나는 원래 이곳이 아니라 북동쪽에 있는 바이라클르Bayraklı 지역의 테페쿨레Tepekule에 있었다. 그러다 코낙 지역으로 옮긴 것은 기원전 4세기 말에서 3세기 초로 알렉산드로스 대왕의 헬레니즘 시대였다.[50] 물론 지금 우리가 보고 있는 전성기 시대의 아고라 유적은 그 이후 로마시대에 완성된 것이다. 스미르나는 서기 177~178년에 대규모 지진으로 최악의 상황을 맞이했지만 당시 로마 황제였던 마르쿠스 아우렐리우스Marcus Aurelius의 지원으로 재건될 수 있었다. 스미르나 사람들은 감사의 표시로 아고라의 이중 아치문에 아우렐리우스와 그의 아내 파우스티나의 얼굴을 조각해 넣었다.

고대 그리스 로마시대에 도시의 심장부였던 아고라Agora는 도시의 정치, 행정, 상업 및 문화생활의 중심이었다. 고대 대도시에는 보통 공립State 아고라와 상업 아고라가 있는데, 이 유적은 공공건물로 둘러싸인 공립 아고라였다. 특히 유적지에서 발굴된 바실리카Basilica와 의회Bouleuterion

---

50 여기에는 알렉산드로스 대왕의 일화가 있다. 알렉산드로스는 이곳 파고스 산에서 사냥을 하다 지쳐 잠들었는데 꿈에 두 명의 네메시스가 나타나 파고스 산에 도시를 세우라고 명했다. 알렉산드로스는 꿈에 따라 파고스 산자락에 새로운 도시를 건설하게 되었다.

건물의 규모는 대단했는데, 발견된 터만 해도 당시 로마제국에서 가장 큰 것 중 하나라고 한다.

그렇지만 오래된 유적들은 잘 관리가 되지 않고 있었다. 최근 관광산업으로 문화재를 복원하는 경우도 많이 있지만, 애초에 튀르키예는 고대 그리스와 로마, 비잔틴 제국의 역사와 직접적으로 관련이 없기 때문인지 복원에 소극적인 것 같았다. 더구나 종교적인 차이까지 있어 더욱 그럴 것이다. 다만 인류의 문명사적 관점에서 바라보면 안타까움이 클 수밖에 없다.

여기도 최근 복원 프로젝트가 실시되고 있지만 아직 시작 단계여서 그런지 유적의 잔해만이 즐비했다. 더구나 유적 뒤로 보이는 현대적 도시 건축물과 대비되어 옛 공간의 정취를 온전히 느끼기가 어려웠다. 아쉬운 마음으로 돌아섰다.[51]

---

51 스미르나의 아고라에 대한 아쉬움을 달래고 싶다면, 이즈미르 지역의 역사를 고대 구석기시대부터 20세기 초 이즈미르의 역사까지 3D로 복원한 사이트 '이즈미르 타임머신'을 들어가 보는 것이 좋다. https://izmirtimemachine.com

IZMIR-4

아르테미스 신전의 도시
- 셀축 -

셀축

오늘은 고대 도시 에페수스 유적을 찾아가기 위해 다른 날보다 일찍부터 서둘렀다. 에페수스는 이즈미르에서 남쪽으로 약 70km 정도 떨어져 있다. 고대 도시는 유적으로만 남아있기 때문에 대중교통과 편의시설은 약 2km정도 떨어진 셀축을 통해 이루어지고 있다.

우리는 먼저 셀축으로 가기 위해 이즈미르 시의 자랑인 경전철 이즈반을 탔다. 이즈반IZBAN은 전철과 기차를 합친 형태의 통근열차로 이즈미르 시의 남북을 가로지르며 운행된다. 이즈반이 시내를 벗어나자 객차 안이 한적해고 역과 역 사이의 길이가 길어지면서 마치 기차를 타고 여행하는 기분이 들었다. 바깥으로는 농촌의 한가로운 넓은 평야가 이어졌다. 지금이 우기여서 그런지 들녘은 초록의 물결이었다. 그러다 구릉지대에서 오렌지색 열매를 주렁주렁 달고 있는 과실수를 만났다. 뭔지 궁금해 하는 우리에게 맞은편에 앉은 아주머니가 만달리나^{mandalina}, 귤이라고 알려주었다. 그러더니 집에서 직접 말린거라며 맛보라고 대추야자를 슬쩍 건네주었다. 입에 넣자마자 달콤하고 쫀득한 맛에 우리는 눈이 저절로 커졌다.

셀축에 도착해 역을 빠져 나오니 눈앞에 수도교가 보였다. 세월을 못 이긴 기둥들이 군데군데 부서져 있었지만 오히려 오랜 역사를 말해주는 듯했다. 유서 깊은 도시라지만 역을 나와 터미널로 걸어가면서 보니 작은 농촌 마을이었다. 신기하게도 가로수는 모두 만달리나였다. 특히 거리에는 할아버지들이 많이 보였는데, 예전 우리 농촌의 농한기 때처럼 모두 모여 장기 같은 것을 두고 있었다.

셀축^{Selçuk}이라는 도시의 이름은 12세기 셀주크 튀르크에서 유래했지만 1914년에 와서야 붙여진 것이다. 한때 아이든 공국^{Aydın Beylik}의 수도가 되기도 했고 오스만 제국 시대에는 '아야술룩^{Ayasuluk}'이라고 불렸다. 셀축 근방에는 역사적인 유적지가 많이 모여 있는데, 고대 유적지 에페수스를 비롯하여 아르테미스 신전, 성모 마리아의 마지막 거처도 있다. 또한 도심 근처에는 6세기에 건립된 성 요한 바실리카와 사도 요한의 무덤, 아야술룩 성 등이 있다.

아야술룩 언덕

먼저 셀축 도시의 원형이 있는 아야술룩 언덕 Ayasuluk Höyük으로 향했다. 이곳에는 유명한 사도 요한의 묘와 교회가 있고 언덕 위에는 아야술룩 요새가 있다. 셀축의 거리를 걷다가 수도교 유적을 만났다. 안내문을 보니 비잔티움 수도교 Byzantine Aqueduct로 북쪽의 쉬린제 Şirince 계곡에서 시작해 셀축 시내를 관통해 아야술룩 언덕까지 이어진다고 한다. 높이가 15미터나 되는 수도교를 보니 고대의 건축술이 대단했음을 알 수 있었다. 수도교를 따라 가 보니 어느새 사도 요한의 묘와 교회 유적의 입구가 나왔다. 입구는 마치 여느 성벽의 문처럼 견고한데, 초기 기독교인들이 박해를 받아 순교를 거뒀던 곳으로 '박해의 문'이라고 부른다.[52]

사도 요한은 예수의 12제자 중 하나로 예수의 어머니인 성모 마리아를 에페수스에 모셔와 마지막 거처를 마련해 주었다.[53] 그리고 말년에는 신약의 4복음서 중 하나인 《요한복음》을 집필했다고 전해진다. 사도 요한이 죽고 300년이 지난 4세기 경이 되어서야 그의 무덤 위에 목재로 만든 작은 예배당이 세워졌다. 그후 거대하고 웅장한 교회로 바뀐 것은 6세기 유스티니아누스 황제에 의해서였다. 이때에도 근방에 있는 에페수스 유적과 아르테미스 신전의 건축자재를 이용했다. 성 요한 교회 Basilica of St John는 당시 황실 교회였던 콘스탄티노플의 성 사도교회를 모델로 만들어졌다. 십자가 평면구조에 석조와 벽돌로 지었고 바닥과 기둥

---

52 최근 연구에 따르면 문의 부조가 그리스도인들을 박해하는 장면이 아니라 트로이 전쟁에서 아킬레우스가 트로이의 왕자 헥토르를 죽인 후 끌고 가는 장면이라고 한다. 그렇다고 하더라도 이 문의 이름은 바뀌지 않으리라 생각된다.
53 뷜뷜산 꼭대기에는 성모 마리아의 마지막 거처가 남아 있어 오늘날 주요한 성지 순례 장소가 되고 있다.

IZMIR 109

은 대리석으로, 지붕은 여섯 개의 돔으로 축조되었다. 하지만 오늘날에는 모두 허물어져서 몇몇 기둥과 벽만 복원되어 남아 있다. 성 요한의 무덤은 교회의 중앙 돔 아래 네 개의 기둥이 받치는 대리석판 아래에 있다. 교회는 오스만 제국 시대에 모스크로 사용되다가 15세기 초 몽골 침입 때 파괴되었다.

성 요한 교회 위로 견고한 성은 '아야술룩 요새' 또는 '셀축 성'이라고 부른다. 비잔티움 제국 시기에 에페수스는 항구의 침식이 계속되었고 말라리아까지 퍼져 많은 사람들이 아야술룩 언덕으로 거처를 옮겼다. 그때 에페수스 경기장의 석재를 가져와 아야술룩 언덕에 방어용 요새를 지었고, 아래에 있는 성 요한 교회에까지 성벽을 넓혔다. 하지만 이곳도 근처의 항구가 기능을 잃고 쇠락하자 결국 18세기에 요새는 텅 비어버렸다. 오늘날 성에는 거대한 튀르키예 깃발만이 나부끼고 있었다.

아야술룩 요새에 오르는 동안 셀축 시내가 한눈에 내려다 보였다. 그렇게 멀지 않은 곳에 아르테미스 신전의 터도 보였다. 만일 어설프게 서 있는 기둥 하나마저 없었더라면 못 알아볼 뻔 했다. 옛 위용은 간 데 없고 터마저 습지에 놓여 있어 다른 유적들과 달리 복원에 엄두를 내지 못한다고 한다. 아르테미스 신전은 고대 7대 불가사의 중 하나이다. 대리석으로 지어진 신전은 여러 번 지어졌는데, 특히 알렉산드로스 시기의 신전은 규모가 아테네의 파르테논 신전의 거의 두 배 정도였다고 한다. 그러나 신전은 낱낱이 분해되어 다른 건축물에 재사용되었는데, 우리가 다녀온 이스탄불의 아야 소피아에도 이 신전의 기둥이 쓰였다. 아르테미스 신전에서 나온 조각상도 런던의 영국박물관에서 전시되고 있다.

성 요한 교회의 옆으로 모스크 하나가 눈에 띄었다. 아마 이사 베이 자미$^{\text{Isa Bey Camii}}$일 것이다. 확인해 보려고 곧바로 모스크로 내려갔다. 아이든 공국 시절(1375년)에 건축되어 오늘날 튀르키예에서도 찾아보기 힘든 셀주크 건축양식을 간직한 모스크였다. 모스크는 전통양식에서 벗어난 비대칭적인 스타일로 창문과 문, 돔의 위치를 일부러 맞추지 않았다고 한다. 이 모스크의 백미는 봉헌 비문을 화려하게 장식한 입구와 셀주크 건축의 요소로 장식된 두 개의 돔이다. 그런데 이 모스크도 에페수스 유적에서 건축자재를 가져와 지었다고 한다. 결국 이 일대의 모든 건축물들은 에페수스와 아르테미스 신전의 건축자재로 지어진 것이다.

셀축은 전형적인 농촌 마을이다. 예전 수호신이었던 아르테미스 여신은 여전히 이곳을 지켜주고 있는 게 아닌가 생각이 들었다. 풍요와 다산을 상징하는 아나톨리아의 지모신이 그리스 여신인 아르테미스 여신과 결합한 것은 어찌보면 자연스러운 일이었던 것 같다.

IZMIR-5
고대 도시에서 살아난 역사적 상상력
- 에페수스 유적지 -

에페수스 유적지

에페수스Ephesus[54]는 고대 그리스 로마시대에 가장 큰 항구 도시 중 하나로 여행과 상업의 중심지였다. 탁월한 위치 덕분에 아테네의 이오니아 식민지 개척자들은 아시아 내륙으로 물품을 운송하기 위한 무역의 거점 도시로 삼았다.

에페수스는 알렉산드로스 대왕의 헬레니즘 시대에 크게 부흥했지만 최고의 전성기는 로마제국의 전성기인 기원전 100년부터 서기 200년대까지였다. 이때 로마제국은 공화정에서 황제시대로 바뀌었고 오현제

---

54 고대 그리스 시대에는 '에페소스(Ephesos)'라고 불렸으며, 튀르키예어로는 '에페스(Efes)'라고 한다. 우리나라에선 기독교의 영향으로 '에페소' 혹은 '에베소'라 부른다. 이 책에서는 도시의 전성기였던 로마시대 명칭인 '에페수스'로 표기한다.

의 시대를 통해 팍스로마나를 구가하고 있었다. 당시 에페수스는 로마 속주의 수도였고 인구 25만 명이 넘는 대도시로, 소아시아의 정치적, 경제적, 문화적 중심지였다. 하지만 계속되는 카이스트로스^{kaystros} 강 하구의 충적작용은 인공수로를 건설해 항구를 보존하려던 에페수스인들의 노력에도 불구하고 늪으로 변했다. 이후 항구는 폐쇄되었고 대규모 지진과 말라리아로 인한 전염병의 창궐로 도시는 그대로 버려졌다. 그 덕분에 오히려 도시의 유적은 온전히 남을 수 있었다.

셀축 오토가르 터미널에서 미니버스인 돌무쉬^{Dolmuş55}를 타고 에페수스 유적지에 도착했다. 티켓을 구입하고 안으로 들어가니 근사한 소나무들이 길 양쪽으로 늘어서 있었는데, 소나무 사이로 유적의 잔해들을 볼 수 있었다. 얼마가지 않아 눈앞을 가로지르는 대리석 길이 나타났는데 왼쪽으로 대극장 유적이 보였다. 오른쪽으로 난 길은 멀리까지 황무지로만 펼쳐져 있었는데 아마도 2,000년 전에는 번성한 항구가 있었을 것이다. 왜냐하면 우리가 서 있는 길이 항구로 이어진 아르카디안^{Arcadian} 거리이기 때문이다. 지금은 길 중간부터 출입이 금지되어 있는데, 금지 푯말 너머 길 양 쪽에는 여전히 몇몇 기둥들이 서 있었다. 당시 기둥들은 상점과 지붕들로 아케이드를 이루고 있었을 것이다. 에페수스를 방문한 이들을 맞이하는 거리는 화려하게 치장되었는데 아케이드의 상점들은 50여개의 화톳불과 함께 밤거리를 환하게 밝혔다고 한다.[56] 사라진 풍경 속에서 과거의 모습을 잠시 상상해 보았다.

---

55 튀르키예의 독특한 교통수단인 돌무쉬는 작은 미니버스로, 마치 우리나라의 마을버스와 비슷하게 주변지역을 운행한다. 이전에 탔던 세르비스 버스와 달리 유료로 운영되지만 가격은 저렴하다.

56 당시 로마 제국에서 밤거리에 조명을 한 곳은 로마와 안티오크, 그리고 에페수스 단 세 개의 도시뿐이었다고 한다.

아침에 간간이 내리던 비로 대리석 길이 젖어 있었는데 빗물이 반사되어 신비롭게 보였다. 지금 보러 가는 대극장은 헬레니즘 시대에 처음 건설되었다가 로마시대에 증축되었다. 너비가 140미터, 높이가 30여 미터로 24,000여명을 수용할 수 있었고, 아나톨리아에서 가장 큰 극장이었다. 대극장에 들어와 마주하니 눈앞에 펼쳐진 거대함에 놀랐다. 좌석은 로마극장의 전통을 따라 3개의 섹션으로 나누어져 있었다. 당시 무대에선 콘서트와 연극뿐만 아니라 종교적, 정치적, 철학적 토론도 열렸고, 심지어 검투사 대결까지도 펼쳐졌다.[57] 복원 중인 무대를 살펴보다가 가파른 좌석 꼭대기까지 올라가 보았다. 그때 한 여행자가 무대 가운데에서 소리를 내자 우리가 서 있는 데까지 또렷하게 들려서 놀랐다. 극장 너머로는 전경이 펼쳐졌는데, 좀전에 지나온 아르카디안 거리도 보였다. 아마도 당시에는 항구까지 보였을 것이다. 이곳에 서서 조망해보니 이제야 조금씩 역사적 상상력이 발휘되기 시작했다.

역사적으로 가치가 있는 곳을 직접 방문하고 싶은 마음은 여행자라면 누구나 갖고 있는 로망이다. 하지만 막상 방문한 뒤 역사적인 유적지에 대한 평가는 극명하게 나뉜다. 그것은 아마도 방문했던 유적지의 보존 노력에 따른 것 같은데, 기대에 못 미쳤다는 평가가 상당하다. 특히 유적인지 잔해인지 구분조차 할 수 없는 상태로 보존되어 있다면 어렵게 찾아온 이들에게 실망감을 안겨주기 때문이다. 사실 우리도 지난번 바스바네 지역의 아고라 유적을 보고 아쉬움이 많았다.

하지만 그렇다고 해서 역사적 공간이나 유적들을 찾아볼 가치가 없다

---

57 이곳은 사도 바울로와 인연이 있어 성경에 나오는 곳이다. 사도 바울로의 설교에 불만을 품은 은세공업자 데메트리우스가 군중을 선동해 시위한 곳이 바로 이 극장이다.

는 것은 아니다. 역사적 공간의 가치는 남아 있는 유적에 비례하는 것이 아니기 때문이다. 오랜 세월 물길이 바뀌어 폐허가 된 도시도 있고 기후 변화로 젖과 꿀이 흐르던 곳이 황무지가 된 곳도 있다. 그런 곳을 보고 오늘날 아무런 의미가 없다고 말하는 사람도 있을 것이다. 하지만 우리가 그곳을 굳이 찾아가는 건 그곳에 가야만 느낄 수 있는 것이 있기 때문이다. 바로 '역사적 공간감'이다. 이 역사적 공감감이 우리의 역사적 상상력을 자극한다. 비록 오늘날의 모습이 전혀 다른 곳으로 변모했다 하더라도 그곳 주변의 풍경과 공기를 느끼고 나서야 비로소 가질 수 있는 역사적 상상력이라 할 수 있다.

그렇다고 모든 역사적 공간이 역사적 상상력을 자극하지는 않는다. 하지만 폐허가 된 유적 근처의 작은 나무 그늘에서 쉴 때 잠시 불어 온 미풍에 불현듯 과거 속 이미지가 그려져 감흥을 돋울 수도 있고, 폐허가 된 도시를 보며 인류 문명과 인간의 유한함에 대한 순간적인 깨달음에 닿을 수도 있다. 이 모두는 역사적 공간을 방문해야만 가 닿을 수 있다. 그것이 우리가 먼 길을 돌아 힘들지만 역사적 공간을 찾아가는 이유가 아닐까 한다.

켈수스 도서관

드디어 우리를 이 도시로 이끈 켈수스Celsus 도서관 을 만났다. 켈수스 도서관은 서기 117년에 지은 기념비적인 도서관이자 무덤이다. 당시 아시아 지방의 총독이었던 켈수스 폴레마에아누스Celsus Polemaeanus를 위해 그의 아들 아퀼라Gaius Julius Aquila가 지었다. 당시 알렉산드리아와 페르가몬에 이어 세 번째로 큰 도서관이었다. 거의 폐허 상태로 있다가 오스트리아 고고학 연구소의 도움으로 파사드가 복원되었고 오늘날 에페수스를 대표하는 건축물이 되었다.

마블로드 위에서 켈수스 도서관의 파사드를 바라보았다. 그동안 사진으로만 보아왔는데, 역시 역사적 건축물은 현장에서만 느낄 수 있는 고유한 아우라가 있다. 감동에 젖어 도서관의 정면부터 찬찬히 살펴보았다. 도서관의 파사드는 2층으로 높았고 위층에는 세 개의 창문이 있었다. 1층에는 코린토스 양식의 기둥이 있었는데, 기둥 사이의 벽감에는 네 명의 여신을 표현한 조각상이 있었다. '켈수스의 4가지 미덕'이라 불리는 것으로, 소피아^{Sophia}, 에피스테메^{Episteme}, 엔노이아^{Ennoia}, 아레테^{Arete}를 상징했다.[58] 당대 철학자들에 의해 논의되던 지식의 범주였다.

복원된 파사드로 감동과 기대감이 높아졌는데 막상 도서관 안으로 들어오니 지붕마저 없는 텅 빈 공간이었다. 내부 공간도 생각보다 크지 않았다. 파사드의 맞은편 벽에는 반원형으로 움푹 들어간 곳이 있었는데, 그 아래 지하실이 켈수스의 무덤이었다. 그리고 그 위에는 아테나 여신의 동상이 있었다고 한다. 잠시나마 실내 중앙에 서서 당시의 분위기를 상상해 보았다. 원래 켈수스 도서관의 구조를 보면 외부에서는 2층 구조로 되어 있지만 내부는 단층으로 되어 있었고, 벽을 따라 테두리에는 3층 구조의 목재로 된 테라스가 있었다. 특히 책장을 보호하기 위해 책장 뒷 벽은 이중으로 되어 있었으며, 벽감에는 필사본 파피루스 두루마리가 최대 12,000권이 있었다. 도서관 파사드 2층에 있는 세 개의 큰 창은

---

58 지금 있는 조각품들은 복제품이고, 원본은 오스트리아 빈(Wien)에 있는 에페수스 박물관에 있다.

풍부한 자연 채광으로 도서관을 비춰 주었을 것이다. 한쪽 구석의 책상에서 파피루스를 펼쳐 글을 읽고 있는 모습을 상상해 보았다. 그때는 오늘날 우리가 이용하는 도서관과는 확실히 달랐을 것이다. 글을 읽는다는 것은 당시만 해도 특권층에 해당되었기 때문이다. 하지만 글을 통해 생각과 감정을 소통하는 것은 다르지 않았으리라.

켈수스 도서관에서 나와 쿠레테스 Curetes 거리를 따라 걸어 올라갔다. 이 거리는 도서관 앞에서 언덕 위 헤라클레스 Hercules의 문까지 이어져 있다. 길 양쪽에 줄지어 늘어선 건물의 목록만 봐도 멋진 야외 박물관이라 할만 했다. 하드리아누스의 문, 클레오파트라의 여동생 아르시노에의 묘인 옥타곤 Octagon, 부유층 거주지 테라스 하우스, 알라타치 스토아의 모자이크 바닥, 가림막 없는 공중화장실 라트리나 Latrinas, 하드리아누스 신전, 트라야누스 Traianus의 분수 등이 있었다. 하지만 부분적으로 복원된 건물을 제외하면 빈 터와 잔해들만 남아있다. 에페수스는 발굴과 복원을 진행하고 있지만 아직도 10% 정도라고 한다. 그래서 유적을 감상할 때에는 어느 정도의 배경지식과 함께 역사적 상상력이 필요하다.

에페수스의 황금시대가 고대 로마의 전성기와 궤를 같이 하기 때문에 여기에는 로마 황제들의 기념물이 많다. 당시 황제를 위한 기념물은 도시를 빛나게 하는 영광으로 특히 황제의 신전을 건립하도록 허락된 도시를 '네오코로스 Neokoros'[59]라고 불렀다. 에페수스는 네오코로스의 영예를 얻은 첫 번째 도시였다.

---

59 황제의 신전을 모시는 도시라는 의미다. 당시 많은 도시들이 특권을 얻기 위해 경쟁적으로 네오코로스라는 칭호를 받으려고 고군분투했지만 실제로 얻은 도시는 적은 수에 불과했다.

하드리아누스^{Hadrianus} 신전 외에도 도미티아누스 신전까지 두 개의 신전이 있었다. 로마 영토를 최대로 넓힌 트라야누스 황제에 이어 황위에 오른 하드리아누스는 정복 전쟁을 멈추고 그동안 확장된 영토의 안정을 꾀하였다. 그래서 하드리아누스 황제는 제국을 두루 시찰하며 각 지역의 실정을 파악해 내실을 다지는데 주력하였다. 지금 보는 신전도 서기 128년에 에페수스를 방문한 황제에게 헌정되었는데, 이 쿠레테스 거리에서 가장 잘 보존된 아름다운 건축물 중 하나였다.

쿠레테스 거리의 끝에 도착하니 헤라클레스의 문이 있었다. 지금은 헤라클레스가 부조로 새겨진 양쪽 기둥만 남아 있다. 문의 입구가 상당히 좁은데, 마차의 출입을 막아 보행자 도로를 만들기 위해서였다. 여기서 조금 떨어진 곳에 놓인 승리의 여신 니케^{Nike}의 부조석상도 원래는 이 문을 장식한 두 개의 스펜드럴[60] 중 하나로 보고 있다. 니케 여신의 부조석 앞에는 많은 사람들이 모여 기념촬영을 하고 있었는데, 아마도 여신의 이름을 딴 스포츠 브랜드의 영향이 아닐까 싶다.

헤라클레스의 문을 통과해 언덕에 올라 넓게 펼쳐진 도미티아누스 광장을 만났다. 맞은편에는 도미티아누스^{Domitianus} 신전이 있다. 앞서 본 하드리아누스 신전과는 비교할 수 없을 만큼 거대했을 테지만 지금은 거의 흔적만 남아 있다. 도미티아누스 황제는 강압적 통치 때문에 원로원과 사이가 좋지 않았고 자신을 신격화해서 신전을 세우라는 명령을 내렸다. 특히 신격화를 거부한 기독교인들을 박해해서 제2의 네로라고 불렸다. 결국 그는 암살되었고 원로원으로부터 그의 모든 행적을 지우는 '

---

60 스펜드럴(Spandrel)이란 직사각형 문틀과 아치 문 사이의 삼각형 부분으로, 보통 장식되어 있는 부조석을 지칭하기도 한다.

기록 말살형'에 처하게 된다. 이렇게 되자 그를 기려 신전을 세웠던 에페수스만이 곤란한 상황이 되어 나중에는 이 신전을 도미티아누스의 아버지 베스파시아누스Vespasianus에게 헌정하는 것으로 바꾸었다.

신전의 왼쪽으로 넓은 터는 에페수스의 공립 아고라가 있었던 곳이다. 아고라의 왼쪽으로는 기둥들의 잔해가 길게 늘어서 있었다. 이것은 고대 그리스 건축의 요소로 일렬로 세운 기둥 위를 지붕으로 감싼 통로인 스토아Stoa였다. 그 뒤쪽으로는 에페수스의 행정업무를 관장하던 플리타네이온Prytaneion과 반원형 건물 오데온Odeon이 있다. 오데온은 앞서 본 대극장에 비해 무척 작았지만 그래도 1,500명 정도를 수용할 수 있는 규모로 정부의 정책을 논의하거나 소규모 행사를 진행했다. 이렇게 돌아보니 언덕 위의 지역은 에페수스의 공공기관들이 모인 정치의 중심지라고 할 수 있다.

그 길에서 아래로 내려가니 에페수스 유적지의 남쪽 매표소가 나왔다. 이제 유적지의 끝에 온 것이다. 다시 길을 돌아 공립 아고라 입구에 설치된 작은 전망대에 올랐다. 유적지 잔해 위에 만든 데크에 오르니 헤라클레스의 문 너머 쿠레테스 거리와 멀리 켈수스 도서관까지 보였다. 에페수스 전성기 시절 이 거리를 상상해 보았다. 건축물들이 한껏 위용을 자랑하고 그 아래 거리에는 에페수스인들뿐 아니라 로마인들을 포함해 세계 각지에서 몰려온 사람들로 북적였을 것이다. 언덕 아래 상업 아고라와 쿠레테스 거리는 밤새 꺼지지 않는 햇불이 늦은 밤까지 거리를 밝혔을 것이고 타 지역에서 온 사람들은 에페수스의 화려함에 흠뻑 빠져들었을 것이다. 더구나 그 거리에서 함께 걷고 있는 클레오파트라와 안토니우스를 만난다거나 이 도시를 방문한 하드리아누스 황제의 행차를 본 사람들은 평생 잊지 못할 도시의 추억을 간직했을 것이다.

　이런 상상을 하며 멀리 도시를 감싸고 있는 산자락을 바라보았다. 그때였다. 도미티아누스 신전 뒤 코레소스 산자락에서 한 무리의 양떼와 목동을 발견했다. 목동은 가파른 경사지에서 양에게 풀을 먹이며 천천히 이동하고 있었다. 한가로이 양을 치는 모습을 보며 호젓한 감상에 젖어들 무렵 문득 기묘한 느낌이 들었다. 21세기 현대의 여행객인 우리는 폐허가 된 2,000년 전의 고대 유적지를 거닐다가 여전히 수천 년 전의 유목방식으로 양을 키우는 목동과 마주한 것이다. 몇 천 년을 넘나드는 시간의 흐름이 느껴졌다. 변하지 않는 것과 변하는 것 사이의 괴리감도 느껴졌다. 아마도 이 유적의 역사는 목동들의 모든 기억 속에 남아있지 않을까 하는 생각이 들었다. 어느새 목동은 양떼와 함께 사라지고 없었다.

　발길을 돌려 언덕을 내려갔다. 길이란 게 참 묘하다. 같은 길인데도 갈 때의 풍경과 올 때의 풍경이 다르다. 마치 예전 항구로 들어왔던 여행객이 그동안 머물렀던 도시를 떠날 때의 심정이 되어 도시의 풍경을 눈에 담아 보았다. 그의 마음처럼 언젠가 또다시 올 것을 기대하면서 유적지를 떠났다.

IZMIR-6

이즈미르의 역사적 상흔
- 스미르나 대화재 -

성 요한 대성당

오늘은 크리스마스 날이다. 크리스마스는 종교를 떠나 전 지구적 축제라고 생각했는데 튀르키예에서 맞이하게 된 크리스마스에는 특별한 행사가 하나도 없었다. 이슬람 국가에서 당연한 일이지만 거리에도 상점에도 크리스마스 분위기는 없었다. 외국인 관광객을 위한 큰 쇼핑몰이나 관광지에서 겨우 크리스마스트리를 발견할 수 있을 뿐이었다. 우리는 성 요한 대성당을 찾아가 성탄 미사에 참석해 보기로 했다.

성당에 도착해 먼저 경비실을 향해 미소로 인사하고 안으로 들어갔다. 튀르키예에서의 기독교 교회는 광신적인 이슬람주의자들의 공격에 대비해 삼엄한 경비를 세워 출입을 제한했다. 사실 대부분의 이슬람교도들은 타 종교에 대해 배타적이지 않다. 이는 역사를 통해 알 수 있다. 하지만 극히 일부 극단적 이슬람 광신도들과 이를 부추기는 폭도들로 인해 평화의 상징이어야 할 종교가 위축된 걸 보니 마음이 착잡했다. 이는 서방의 기독교 지역에 있는 무슬림 사원 경우도 마찬가지일 것이다.

성 요한 대성당 St. John's Cathedral은 로마 가톨릭 이즈미르 교구의 주교좌성당이다. 1874년 완공되었는데 <요한계시록>에서 서머나(이즈미르)를 포함해 아시아의 일곱 교회에 편지를 보낸 요한 복음사가에 헌정되었다. 성당도 1922년 대화재 때 큰 피해를 입었지만 살아남았다. 그후 복원을 거쳐 2013년에 다시 문을 열었다.

앞마당에서 대성당의 파사드를 바라보았다. 대성당은 신고전주의 양식으로 지어져 단아하고 우아한 느낌을 주었다. 마당 한가운데에는 사도 요한의 인상적인 청동상이 있었다. 사도 요한은 복음서를 들고 서 있었고 왼쪽 어깨에는 독수리가 앉아 있었다. 성당 안에는 뜻밖에도 많은 신도들로 가득 차 있었다. 성당 안에 가득 찬 신도들을 튀르키예에서 보니 놀라웠다. 성탄 미사는 라틴어와 영어, 튀르키예어로 번갈아 진행되어서 혼란스러웠지만 경건하게 진행되었다.

미사를 마치고 사람들이 나가자 우리는 잠시 남아서 성당 내부를 살펴보았다. 전체적으로 미색을 띠고 있는 내부는 품위있고 경건한 이미지로 가득 차 있다. 성당 내부도 신고전주의 양식으로 반원형의 아치형 천장에 신도석이 가운데 있고, 양 옆으로 작은 돔이 연속적으로 이어진 아일이 있는 구조였다. 제단 정면에는 사도 요한이 앞뜰에 있던 청동상과 같은 모습으로 그려져 있었다. 무엇보다도 인상적이었던 것은 제단의 천장 돔이었다. 그렇게 크지도 작지도 않는 돔의 안쪽에는 작은 사각의 무늬들이 새겨져 있어 이슬람적인 분위기가 느껴졌다.

성당 앞마당으로 나오니 간단한 다과가 준비되어 있었다. 서로 이야기를 나누던 한 신도가 낯선 우리에게 다가와 환한 미소로 '메리 크리스마스' 인사를 건넸다. 우리도 미소로 답하며, 익숙하지만 이곳에서는 낯선 인사를 나누었다. '메리 크리스마스!'

이즈미르 공화국 광장

에게 해 앞에 다시 섰다. 일조량이 높기로 유명한 이즈미르지만 12월이 되자 우기에 들어섰다. 호수처럼 잔잔한 에게 해 위로 조용히 비가 내리고 있었다. 해안을 산책하다가 바다를 마주한 공화국 광장에 갔다. 광장은 꽤 넓었는데 안쪽에는 아타튀르크의 동상이 서 있었다. 아타튀르크의 기마상이었는데 말을 탄 채 바다를 향해 손짓하고 있는 모습이 매우 역동적이었다. 그런데 우리는 아래쪽 기단에 눈길이 갔다. 튀르키예 독립전쟁에 참전했던 군인과 농부 등 여러 인물의 모습들을 묘사한 부조가 인상적이었다. 그 아래에는 이런 글씨가 새겨져 있었다.

"ORDULAR! iLK HEDEFiNiZ AKDENiZ'DIR iLERi!"
(군대여, 너의 첫 번째 목표는 지중해다. 전진!)

튀르키예 독립전쟁 중에 그리스 군과의 결정적인 전투였던 덤루프나르Dumlupınar 전투에서 승리한 후 아타튀르크가 이즈미르 수복을 위해 외친 유명한 명령이었다. 수많은 어록을 남긴 아타튀르크의 화법은 무척 압축적이면서 선동적이다. 그래서 아마도 오합지졸의 오스만 잔병들을 모아 튀르키예를 건국할 수 있었을 것이다. 동상이 있는 이곳은 당시 외세를 몰아내고 튀르키예가 독립한 것을 기념하기 위해 기념물을 세운 광장이다. 튀르키예인들에게 자랑스러운 기념장소이겠지만 반면에 아픈 역사를 지닌 공간이기도 하다. 이곳은 옛 그리스인들의 주거지였고 바스마네 역 근처에 있는 퀼튀르 공원은 옛 아르메니아인들의 거류지였다. 그런데 스미르나 대화재로 모든 것이 폐허가 되면서 역사적 건축물도 거의 다 무너져 내렸다.

스미르나 대화재

1922년의 대화재는 '스미르나^{Smyrna} 대화재' 또는 '이즈미르 대화재$^{1922\ İzmir\ Yangını}$'로 알려져 있다. 이는 튀르키예 독립전쟁의 막바지 무렵 이즈미르에서 발생한 가슴 아픈 사건이다.

오스만 제국은 1차 세계대전 때 패전국에 속해 서구 열강들에 의해 갈기갈기 찢기게 될 운명에 처했다. 오스만 제국의 마지막 술탄이 자국에 불리한 세브르 조약$^{Traité\ de\ Sèvres}$에 서명할 즈음, 아타튀르크와 일군의 무리들은 용납할 수 없다며 앙카라에서 새로운 나라를 위한 의회를 세운다. 이들은 오스만 제국을 부정하고 그간에 서명한 조약들을 무효라 외치며 외세와의 전투에 임했다. 바로 튀르키예 독립전쟁이었다.

당시 이즈미르는 튀르키예인들보다 외국인들이 더 많은 곳이었다. 더구나 옛 비잔티움 제국의 영토에 대해 야욕에 불탄 그리스 군이 상륙해서 아나톨리아 수복의 전초기지로 삼았다. 1919년부터 시작된 그리스 군의 진격은 초반부터 파죽지세로 점령지를 넓혀갔다. 하지만 수세에 몰렸던 오스만 잔병들은 이제 튀르키예 독립군으로 전열을 가다듬고 서서히 그리스 군을 몰아세우기 시작했고, 결국 그들과의 전투에서 승기를 잡았다. 1922년 패전을 거듭한 그리스 군이 아나톨리아에서 퇴각하기로 결정하고 내몰린 곳도 바로 이즈미르였다. 며칠간의 전투는 튀르키예군의 일방적인 승리로 이어졌고 그리스 군은 배를 타고 도망가기에 바빴다.

하지만 문제는 원래 이곳에 살던 그리스인들, 아르메니아인들의 생사였다. 이때 일어난 대화재는 약 일주일 간 지속되었고 그리스인과 아르메니아인의 거류지역을 대부분 초토화시켰다. 연이어 벌어진 튀르키예군의 잔인한 보복이 수많은 희생자들을 발생시켰다. 그 며칠 동안 삶의 터전을 잃고 목숨을 부지하기 위해 부두로 내몰린 사람들은 셀 수 없이 많았다. 항구에는 연합군 측 군함들이 많이 있었음에도 다시 전쟁이 커질까봐 그들을 구조하는데 소극적이었다고 한다.[61] 결국 튀르키예군은 아나톨리아에서 외세를 몰아내고 스위스 로잔에서 맺은 로잔 조약 Traité de Lausanne 으로 동트라키아 Doğu Trakya 와 이스탄불, 이즈미르를 회복하였고 이는 오늘날의 국경선이 되었다.[62]

---

61 어니스트 헤밍웨이는 당시의 참혹함을 단편소설 〈스미르나의 부두에서〉에 담았다. 세 페이지밖에 되지 않는 매우 짧은 소설에서 헤밍웨이는 주인공이 누구인지 드러내지 않고 단지 그날의 장면을 들려준다. 처음엔 사실적이지 않은 내용에 어리둥절하지만 되짚어보면 그 참혹한 풍경이 그려진다. 당시 헤밍웨이는 그리스와 튀르키예 전쟁을 취재하기 위해 튀르키예를 방문했지만 스미르나 대화재를 직접 경험하지는 못했다. 대화재 직후 뒤늦게 참상을 봤다고 한다.
62 튀르키예는 그 대가로 에게 해의 모든 섬들을 포기했다. 그래서 튀르키예의 코앞에 있는 섬들조차 오늘날에는 모두 그리스의 영토이다. 하지만 오늘날에도 여전히 분쟁이 일어나고 있다. 대표적으로 키프로스 섬에서 일어나는 그리스인과 튀르키예인의 분쟁이다.

우리는 그 아픈 역사를 떠올리며 동상을 지나 바닷가에 섰다. 전쟁에서의 승리는 적군의 패배를 뜻한다. 단지 '패배'라는 단어만이 그 모든 걸 말해줄 수는 없을 것이다. 거대한 역사 속에서 희생당한 한 사람 한 사람의 생명과 고통은 기록되지 않기 때문이다. 그렇게 역사는 흘러가겠지만 화재와 군인들을 피해 오로지 살기 위해 가족들의 손을 꼭 잡고 뛰었을 이 바닷가에서 우리는 아무 말도 할 수 없었다.

폴리캅 성당

유명한 폴리캅 성당을 찾아가는 길에 비가 쏟아졌다. 성당 방문이 가능한 시간에 맞춰 도착했는데 아무리 돌아봐도 문이 열린 곳이 없었다. 초인종이 보여 눌러보았더니 다행히 인터폰에서 10여분 후에 관람할 수 있도록 해 주겠다고 했다. 기다리는 동안 우리 외에도 몇몇 사람들이 성당 앞에 도착해서 같이 기다렸다. 성당 문이 열리자 여성 보안요원이 나와 방문자들의 짐 검사를 했다. 이곳이 튀르키예라는 걸 다시 한 번 실감할 수 있었다. 성당 관계자가 나오더니 크리스마스 기간에는 안전을 위해 보안에 좀더 신경을 쓰고 있으니 양해해 달라고 인사했다. 이윽고 한 건물을 지나 성당의 본당으로 들어갔다.

폴리캅 성당 Aziz Polikarp Katolik Kilisesi은 초대교회였던 서머나 교회의 초대 주교인 성 폴리캅을 기리기 위해 1625년에 세워졌다. 이즈미르에서 가장 오래된 성당 중 하나다. 프랑스 루이 13세의 요청으로 오스만 제국의 술탄이었던 술레이만 1세 때 세워졌다. 그렇지만 폴리캅 성당도 1922년 대화재 때 전소되는 피해를 입었다가 1929년에 기적적으로 재건되었다.

안으로 들어가니 성당 내부는 중앙에 신도석과 양쪽이 아일로 되어 있는 직사각형의 구조였다. 실내가 약간 어두운 듯했지만 이내 화려한 제단과 함께 천장을 가득 메운 성화들을 볼 수 있었다. 대대적으로 성당을 복원했던 사람은 레이몬드 페레Raymond Péré로, 코낙 광장의 시계탑을 만든 바로 그 건축가였다. 특히 성당의 천장화도 그의 작품이라고 하는데, 화형당하는 폴리캅의 왼쪽 가장자리에서 손이 묶인 채 서 있는 인물이 바로 자신이라고 한다.

성 폴리캅St. Polycarp은 사도 요한의 제자이자 이즈미르 지역의 초대교회인 서머나 교회의 초대 주교였다. 또한 성 폴리캅은 로마의 클레멘트Clement, 안티오크의 이그나티우스Ignatius와 더불어 3대 사도교부 중 한 명으로 여겨진다. 여기서 사도교부는 예수의 직계 제자를 따르는 제자들을 말한다. 그는 말년에 예수 그리스도를 부인하라는 명령을 거부해 86세의 나이에 순교를 당한다. 순교지는 카디프칼레 아래에 있던 서머나 경기장이었다. 폴리캅은 화형 중에 불이 그를 감싸면서 타지 않자 결국 군병에게 칼에 찔려 죽었고 이후에 불태워졌다고 한다.

그런데 이 성당은 성 폴리캅이 주교로 역임했던 초대교회 중 하나인 서머나 교회로 잘못 알려져 있다. 다만 초대교회의 성인 폴리캅을 기리기 위해 세운 성당일 뿐이다. 그렇다고 역사적인 가치가 적어지는 것은 아니다. 복원을 여러 번 거치긴 했어도 오늘날 이즈미르에서 가장 오래된 성당 중 하나이기 때문이다. 다만 이렇게 복원을 거쳐 아름답게 빛나는 성당이 이즈미르 시민들에게 자유롭게 개방되지 못하고 보안에 신경을 써야 하는 상황에 놓여 있다는 것이 안타까울 따름이다.

역사는 전진하고 있는 것일까, 되돌아가고 있는 것일까. 이런 생각에 묵직한 마음으로 성당을 나서는데 소나기가 쏟아졌다. 마치 우리들이 성당에 좀 더 머물기를 바라는 것 같았다. 한동안 성당에 남아 내리는 비를 하염없이 바라보았다.

IZMIR-7
역사의 상처를 딛고 일어선 이즈미르
- 알산작 -

알산작 기차역과 이즈미르 철도 박물관

며칠 만에 날씨가 화창하게 개여 햇살이 가득했다. 오늘은 코낙 지구에서 가보지 못했던 '알산작^{Alsancak} 지역'을 돌아볼 예정이다. 가는 길에는 퀼튀르 공원^{Kültürpark}[63]이 있어 자연 속에서 한적하게 걷기에 좋았다.

알산작 항구에는 거대한 화물선들이 여러 채 정박해 있었다. 이즈미르가 역사 속에서 교역의 중심지가 될 수밖에 없는 이유를 알 것 같았다. 또한 아나톨리아와 에게 해를 이어주는 교역의 디딤돌인 알산작 기차역도 한 몫 했음은 두말 할 필요가 없다. 알산작 기차역$^{Alsancak\ garı}$은 아나톨

---

63 퀼튀르 공원은 1922년 스미르나 대화재 때 폐허가 된 곳을 도심 속 공원으로 가꾼 것이다. 1936년에 건립해서 그 해에 열린 제6회 이즈미르 국제 박람회와 함께 개장했다. 나무가 우거진 산책 공원이자 14개의 전시관과 야외극장, 스포츠센터, 놀이동산, 이즈미르 역사 미술관 등도 들어서 있어서 시민들의 여가와 문화 활동의 장소도 제공하고 있었다. 그야말로 '문화공원'이다.

리아에 처음으로 놓인 철도노선으로 알산작-아이든$^{\text{İzmir-Aydın}}$ 행의 출발지였다.[64] 하지만 오늘날에는 화물 기차역으로만 이용되고, 승객들은 기차 대신 경전철 이즈반을 이용한다. 알산작 기차역 안으로 들어가 보았다. 역사의 한 페이지를 장식한 옛 차량들이 더 이상 달리지 못하고 멈춰 서 있었다. 아타튀르크가 생전에 탔던 기차도 바깥에 전시되어 있었다. 격동의 시절을 지내고 난 뒤 퇴물이 되어버린 것 같아 안타까웠다. 아마도 오전에 들렸던 철도 박물관에서 철도의 역사를 미리 보았기 때문일 것이다. 이곳을 알게 된 건 정말 우연이었다. 알산작 항구를 향해 걷다가 오스만 시대 풍의 한 건물에 시선을 뺏겨 바라보고 있는데 마침 건물에서 나오던 한 남성이 우리에게 들어가 관람해 보라고 말해 주었다. 건물 안에 들어가자 직원이 다가와 '이즈미르 철도 박물관$^{\text{İzmir TCDD Müzesi}}$'이라고 말해 주었다.

박물관은 올해로 150주년을 맞이했고 기차역의 소임을 마친 '알산작 기차역'의 역사를 보여주는 곳이었다. 기차역의 설립부터 한창 발전하던 시기까지의 역사적 내용과 소품들이 아기자기하게 펼쳐져 있었다. 석탄으로 운행되는 증기기관차의 모형과 증기 순환 원리를 보여주는 미니어처, 실제 사용되었던 공구들을 한참동안 신기하게 바라보았다. 그 시절 실제 사용했던 기차표, 병원 칸에 있던 왕진 가방 등이 알차고 실감나게 꾸며진 박물관이었다. 박물관 직원이 하나라도 더 소개해 주려는 듯 열심히 설명해 주었다. 무엇보다 시대를 관통해 살아온 생활의 역사를 소중히 여기고 자부심을 갖고 있다는 것이 느껴졌다. 역사란 단순한

---

[64] 항구와 기차역이 연결되어 교역의 운송효과는 배가 되었다. 기차역의 본관은 1858년에 완공되었고, 아이든까지 가는 노선은 1866년에 개통되었다.

시간의 흐름이 아니라 소중함과 자부심이라는 양분으로 쌓여가는 것이 아닐까 깨닫는 순간이었다.

오스만 시대에는 알산작이 이탈리아어로 '곶'을 의미하는 '푼타Punta'라고 불렸다. 여기가 항구 지역이라 대부분 외국인과의 교역 장소이자 외국인의 거류지였기 때문이다. 오늘날에도 외국인들과의 활발한 교류로 독특한 문화를 이루고 있다. 그래서 알산작 골목으로 들어가면 수많은 카페와 레스토랑이 여러 문화적 특색을 지니고 다양한 모습으로 들어서 있다. 대표적인 거리인 키프로스 순교자 거리Kıbrıs Şehitleri Caddesi는 알산작 지역에서 가장 인기 있는 거리이자 번화한 거리였다. 약 1km 길이의 거리는 보행자 도로여서 튀르키예의 젊은이들과 여행자들이 자유롭게 거닐고 있었다.

산티시모 로사리오 성당

오전에 성 요한 복음주의 교회St. John the Evangelist's Anglican Church[65]에 들러 보았지만 문이 닫혀 방문하지 못했다. 그래서 산티시모 로사리오 성당만큼은 꼭 보고 가야겠다고 맘을 먹고 찾아보았지만 자꾸만 골목에서 헤매게 되었다. 몇 번을 돌다 제자리에 오기를 반복하던 우리가 포기할 때쯤 한 튀르키예 아저씨가 도와주었는데 뜻밖에도 바로 우리 뒤에 있었다. 너무 고마워 인사를 건네고 가 보니 역시 성당 문이 잠겨 있었다. 안내문을 보니 개방시간은 15시~17시이고 목요일은 아예 문을 열지 않는

---

[65] 1900년에 문을 연 성 요한 복음주의 교회는 네오고딕의 건축물로서 영국성공회 교회였다. 오늘날 성당 부지에 있는 목사관은 영국 이즈미르 영사관으로 사용되고 있다.

다고 되어 있었다. 안타깝게도 오늘이 목요일이고 내일이면 이즈미르를 떠나기 때문에 우리에게는 더 이상 기회가 없었다. 아쉬운 마음에 성당 외관만 촬영했다. 그때 성당 문이 열리며 한 할머니가 나오시길래 뛰어 갔더니 성당 관계자 분이 나와 오늘은 성당 문을 열지 않는 날이라고 말해 주었다. 실망한 우리를 잠시 살피더니 이내 미소를 지으며 "기도하는 사람에게는 항상 열려 있어요."라며 문을 열어주었다.

산티시모 로사리오 성당Santissimo Rosario Kilisesi은 1859년 작은 교회로 지어졌다가 1904년에 이탈리아 도미니크 수도회에 의해 새롭게 세워졌다. 성당은 거룩한 묵주의 성모 마리아에게 봉헌되어 오늘에 이르고 있다. 예전부터 알산작 지역에는 이탈리아인이 많았고 1922년 스미르나 대화재에서도 기적적으로 피해를 입지 않아 당시 유일하게 문을 연 교회였다.

성당 안은 고요했다. 창으로 들어오는 작은 빛이 성당 안을 비추고 있었다. 성당은 전체적으로 신고전주의 양식으로 아담한 크기였다. 신도석 양쪽으로 대리석 기둥이 받치고 있고 2층에는 갤러리가 있었다. 우리의 눈길을 사로잡은 것은 묵주를 건네주는 성모 마리아를 그린 제단화와 맞은편에 있는 거대한 파이프오르간이었다. 잠시 신도석에 앉았다. 바깥의 번잡한 거리와는 달리 성당에는 고요와 평화로움만이 깃들어 있었다. 성당을 나오며 문을 열어 준 그분께 감사의 마음을 전했다.

코르돈 해안 산책로 공원

골목을 빠져나와 열린 바닷가로 나갔다. 해변에는 유명한 코르돈 해안 산책로 공원이 조성되어 있었다. 며칠 전에 갔던 공화국 광장이 멀리 공원 끝에 보였다. 코르돈Kordon이란 지명은 프랑스어로 '장식 리본'을 의미하는 코르동cordon에서 비롯되었다. 여기서는 특별히 이즈미르 만 주변의 해안가를 가리킨다. 역사적으로 보면 19세기의 조악한 항구를 개선하기 위해 1876년에 건설한 이즈미르 부두지역이었다. 며칠 전에 본 코낙피어Konak Pier[66]와 패스포트 부두Pasaport İskelesi[67]도 이때 만들어진 것이다.

부두 건설이 완료되자 코르돈에는 여관, 창고, 호텔, 카페 등이 들어왔다. 이미 오스만 제국 내에서도 다양한 국적의 사람들이 거주하는 도시였지만, 부두와 철도로 인해 교역량이 급격히 증가하면서 더 많은 외국인들이 몰려들었다. 그제야 이즈미르는 진정한 의미의 국제적 항구 도시가 된 것이다. 부두가 건설된 지 불과 20년 만에 도시의 인구는 15만 명에서 30만 명으로 늘어났다. 하지만 1922년 스미르나 대화재로 코르돈 해안에 줄지어 서 있던 건물들은 소실되었다. 지금은 아타튀르크 박물관 등 몇 개만이 남았고 이즈미르의 경제적 위상을 드러내주는 현대식 건물들이 코르돈 해안에 즐비하게 세워져 있다.

---

[66] 코낙 피어는 19세기 후반에 건설된 세관건물이자 항구였다. 파리의 에펠탑을 건축한 구스타프 에펠이 설계했다. 당시 이즈미르 항구가 구조적인 결함으로 인해 큰 배가 항구에 닿지 않고 소형 배를 이용해 물품을 나르는 불편함과 빈번했던 밀수와 탈세를 없애기 위해 새로 건설되었다. 그후 항구는 수산시장으로 바뀌었다가 오늘날에는 고급 쇼핑몰로 바뀌었다.

[67] 1867년에 건설된 부두는 오스만 제국의 여권사무소로 사용되었는데 그때의 이름이 현재에도 남았다.

다시 에게 해 앞에 섰다. 이곳에 온 첫날 코낙 광장에서 바라본 에게 해와 별로 다를 것이 없었지만, 이즈미르의 역사적 장소들을 둘러본 후 바라본 바다는 우리에게 조금 다르게 다가왔다. 오스만 제국의 흔적이 남아있는 코낙광장과 케메랄트 바자르, 헬레니즘과 로마시대의 유적을 간직한 바스마네 아고라와 에페수스 고대도시, 그리고 1922년 스미르나 대화재의 아픔을 간직한 알산작 지역까지 두루 다녀보았다.

그러고 보면 이즈미르는 튀르키예가 간직한 역사의 축소판이라고도 볼 수 있다. 오늘날에는 튀르키예에서 가장 발전된 도시 중 하나이자 최고의 항구도시로 험난한 역사를 지나 미래를 향해 약진하고 있다. 결국 튀르키예의 땅은 교역의 땅이다. 모두에게 열린 나라가 되기를 진심으로 소망해 보았다. 서서히 저물어가는 에게 해를 마지막으로 바라보며 작별인사를 나누었다. 내일이면 우리는 에게 해를 떠나 지중해의 도시, 안탈리아로 향한다.

ANATOLIA 2 -
ANTALYA

낯선 풍경과의 조우

Izmir → Antalya

오늘은 이즈미르를 떠나 안탈리아오로 향하는 날이다. 새벽에 숙소를 나와 우리는 바스마네 역 근처의 파묵칼레 Pamukkale 버스 사무소에서 세르비스 버스를 탔다. 어두운 새벽에 출발해 이즈미르 오토가르 터미널에 도착하니 서서히 아침 해가 떠올라 도시와 에게 해를 비추기 시작했다.

여행 중에 장거리를 이동할 때에는 시간과 경비를 줄이기 위해 밤에 이동하는 경우가 많다. 하지만 낮에 버스나 기차를 타면 밤에는 볼 수 없는 여행지의 풍경을 만날 수 있다. 그 풍경들이야말로 여행의 시간들을 더 풍요롭게 채워줄 것이다. 그리고 도시나 마을은 강과 평야를 중심으로 발달하기 마련이어서 산맥이나 봉우리, 벌판이나 바다 등 지형이 변하는 모습은 한 도시에서 다음 도시로 이동하는 동안 볼 수밖에 없다. 그 사이 지도에도 없는 작은 마을을 만난다면 더할 나위 없을 것이다.

버스는 한동안 에게 해와 나란히 달렸다. 고속도로를 달리는 동안 너른 평야가 펼쳐졌는데 며칠 전에 갔던 셀축도 지나쳐 갔다. 오늘 첫 번째 들른 버스정류장은 아이든이었다. 지난번 이즈미르의 알산작 역에서 보았던 아나톨리아 최초의 철도노선인 이즈미르-아이든 행의 종착역이다. 오늘날에는 알산작 역을 대신해 바스마네 역에서 출발한다. 아이든은 에게 해 지역에 있는 아이든 주의 주도이다. 고대 로마와 비잔티움 시대에는 트랄레스Tralles로 불렸고, 나중에 아이든 공국Aydinids의 이름을 따서 '아이든Aydin'으로 명명되었다. 하지만 당시 아이든 공국의 수도는 셀축의 아야술룩이었다.

아이든 시를 벗어난 버스는 동쪽으로 방향을 틀어 아나톨리아 내륙으로 향했다. 도중에 나질리Nazill 평야를 지나자 서서히 고도가 높아지면서 지형이 바뀌기 시작했다. 날씨도 급변해서 흐리고 눈까지 흩내리고 있었는데 멀리 척박한 돌산에는 하얀 눈이 덮여 있었다. 튀르키예에 와서 처음 보는 눈이다. 그러고 보니 우리는 그동안 지금이 겨울이라는 사실을 잊고 있었다. 갑자기 바뀐 지형과 날씨에 주위의 풍경도 확 달라졌다. 그런데 잠시 후 다시 평야지대로 내려오자 언제 그랬나 싶게 화창한 햇살이 내리쬐었다. 광대한 아나톨리아의 변화무쌍한 지형과 기후를 제대로 느껴본 듯했다. 이제 버스는 오늘 여정의 중간 지점인 데니즐리로 들어갔다.

데니즐리Denizli는 인근에 유명한 관광지 파묵칼레Pamukkale가 있어 그렇게 낯선 도시는 아니다. 파묵칼레에는 온천수가 흐르는 신비한 석회암층이 빛의 반사로 다양한 색을 연출하고 있어 전 세계인들의 사랑을 받고 있다. 또한 파묵칼레 아래에는 고대 로마시대의 히에나폴리스^{Hierapolis} 유적도 있다. 뿐만 아니라 에페수스에 이어 두 번째로 큰 고대 도시였던 라오디게아$^{Laodicea\ ad\ Lycum}$[68]도 데니즐리 시에서 가까운 곳에 있다. 하지만 아쉽게도 버스는 모든 유적들과 도시들을 지나쳐 갔다.

데니즐리를 떠난 후 버스는 또다시 고원으로 향했다. 먼 산에는 눈이 쌓여 있고 눈앞에는 광활한 황야가 펼쳐져 뚜렷이 대비되는 묘한 풍경이 이어졌다. 그러다 어느 사이에 버스는 산 아래로 미끄러져 내려가기 시작했다. 얼마 지나지 않아 'ANTALYA'라고 쓰인 거대한 도로 표지판이 보였다. 드디어 지중해를 품은 도시, 안탈리아에 도착한 것이다.

---

68 이 도시는 사도 바울로와 디모데가 쓴 〈골로새인들에게 보낸 편지(골로새서)〉에서 언급된다. 더불어 성 요한은 〈요한계시록〉에서 이 도시를 아시아의 일곱 교회 중 마지막 교회로 기록했다. '골로새(Colossae)'도 멀지않은 곳에 위치해 있지만 지금은 지진으로 폐허가 되어 흔적만 남아있다.

ANTALYA-1
지중해를 품은 안탈리아
- 칼레이치 -

지중해 연안의 안탈리아

새로운 곳에서 아침을 맞이하는 것은 언제나 낯설다. 안탈리아에서 머물 숙소는 버스터미널과 역사지구의 중간쯤 안탈리아 주민들이 사는 거리에 있었다. 어제 도착해 짐을 풀고 있는데 숙소 직원이 근처에 맛있는 빵집이 있다고 소개해 주었다. 짐을 정리하고 나가 찾아가 보니 튀르키예 빵들이 가득한 동네 빵집이었다. 빵을 고르자 주인은 낯선 여행자에게 홍차를 한 잔 대접해 주었다. 안탈리아의 첫인상이 푸근해졌다.

안탈리아는 아나톨리아의 남서부 해안에 위치하여 지중해 연안에서 가장 큰 도시다. 안탈리아는 헬레니즘 시대인 기원전 150년경에 페르가몬의 왕 아탈루스^{Attalus} 2세가 도시를 창건했기 때문에 그의 이름을 따서

'아탈레이아Attaleia'라고 불렸다. 오랫동안 그리스어로 불리던 도시의 이름은 이후 튀르키예어인 '안탈리아Antalya'[69]로 바뀌었다. 도시는 로마제국에 편입되면서부터 본격적으로 성장하고 번영했지만 역사의 굴곡을 비껴갈 수는 없었다. 1207년엔 셀주크 튀르크로, 1391년에는 확장하는 오스만 제국으로 바뀌는 등 여러 번 주인이 바뀌었다. 제1차 세계대전 때에는 3년 동안 이탈리아에게 점령당했지만 튀르키예 독립전쟁 때 탈환되었다.

안탈리아는 기독교 역사 초기에도 등장한다. 1세기에 사도 바울로와 바나바가 전도여행을 할 때 안탈리아를 방문했다.[70] 또한 위대한 여행가들의 여행기에도 등장하는데, 14세기에는 중세 아랍인 여행자 이븐 바투타Ibn Battuta가, 17세기 후반에는 오스만 제국의 여행자인 에블리야 첼레비Evliya Çelebi가 방문해 기록을 남겼다. 물론 오늘날에는 세계적으로 유명한 지중해의 휴양도시로 알려져 있다. 안탈리아 주변에는 유명한 고대 도시들이 많이 있지만[71] 이번 안탈리아 여행은 구시가지인 칼레이치를 중심으로 역사적 지구를 살펴보고 오늘날의 튀르키예를 살펴볼 예정이다.

안탈리아의 첫 여정은 무엇보다 지중해를 만나는 것이다. 숙소 근처에 찰르Çallı라는 트램 역이 있어 교통 카르트를 구입하고 안탈리아 역사

---

[69] 안탈리아의 튀르키예어 표기법 예시안은 '안탈야'지만 여기에선 대중적으로 많이 사용하는 '안탈리아'로 표기한다.
[70] 사도 바울로는 1차 전도여행 때 바나바와 함께 근처의 고대 도시 페르게(Perge)에서 안탈리아를 거쳐 배를 타고 안티오크로 간 이야기가 신약에 기록되어 있다.
[71] 페르게(Perge), 테르메소스(Termessos), 파셀리스(Phaselis), 아스펜도스(Aspendos) 등의 고대도시들이 안탈리아에서 15km~60km 정도 떨어진 곳에 위치해 있다. 모두 세계문화유산 잠정 목록에 등재된 곳들이다.

지구로 향했다. 트램은 현대식으로 쾌적했고 창밖으로 스쳐가는 낯선 풍경을 보니 역사적인 도시이자 휴양도시인 안탈리아의 경제적인 풍요로움이 느껴졌다. 점차 쇼핑가와 관광상품 가게들이 많아지더니 어느덧 올드 타운에 도착했다.

이스메트파샤[Ismetpaşa] 역에 내려 전통시장인 하만 바자르[Hamam Çarşısı]를 빠져나가자 역사적인 기념물, '안탈리아 시계탑'이 보였다. 앞서 이즈미르의 코낙 광장에서 보았던 시계탑과 마찬가지로 이 시계탑 역시 1901년 술탄 압둘하미트의 즉위 25주년을 기념하기 위해 세워졌는데, 시계는 독일 황제 빌헬름 2세가 선물했다고 한다. 시계탑은 비잔티움 시대 성벽의 오각형 요새 위에 지어졌는데 네 면에 시계가 배치되어 있었다.

근처에 있는 공화국 광장을 지나자 눈앞에 갑자기 바다가 나타났다. 지중해였다. 지중해는 매우 잔잔해서 바다가 아닌 거대한 호수 같았다. 에게 해와는 또다른 매력이 있었다. 여기서 보니 눈으로도 안탈리아의 지형을 알 수 있었다. 사실 안탈리아는 지도에서도 아주 쉽게 찾을 수 있는데, 지중해와 맞닿은 튀르키예 남부 해안선이 긴 호를 그리다 움푹 들어간 곳이 안탈리아 만(灣)이다. 오른쪽으로 불쑥 튀어나와 보이는 해안선은 테케[Teke] 반도이다. 그 위로 멀리 보이는 거대한 설산들은 베이[Bey] 산맥[72]으로, 아나톨리아 반도의 남부 지역을 가로지르는 토로스[Toros] 산맥의 서쪽 자락이다.

---

72 베이 산맥의 키즐라시브리시(Kizlarsivris) 산은 3,086m로 서부 토로스 산맥에서 가장 높은 봉우리이다.

칼레이치 마리나

우리는 바다가 한 눈에 펼쳐 보이는 톱하네 정원 Tophane Bahçesi의 카페에 앉아 홍차를 마셨다. 작고 호리한 유리잔에 담긴 붉은 색 홍차를 마시며 지중해의 한가로움을 맘껏 느꼈다. 한동안 바라만 보다보니 지중해를 더 가까이에서 보고 싶어졌다. 우리는 카페 옆의 계단을 통해 항구로 내려갔는데, 구불구불한 계단에는 작은 가게들이 연달아 있었다. 그리고 그 끝에서 아담한 항구인 칼레이치 마리나를 만났다.

칼레이치 마리나 Kaleiçi Marina는 안탈리아의 옛 항구로 아탈루스 2세가 이곳을 건설하기 전부터 해적들의 항구였을 정도로 오래된 역사를 가지고 있었다. 항구에는 인근 바다를 관광하는 다양한 유람선이 정박해 있었다. 지중해 풍광과 어우러져 옛 항구의 분위기를 내는 목조 유람선도 떠 있었다. 내항을 둘러싼 긴 항만 방파제는 옛 성벽의 일부였다. 그 방파제를 따라 발길을 옮기며 생각해보니, 안탈리아가 왜 항구도시로서의 역사를 가질 수밖에 없었는지 알 것 같았다. 절벽과 성벽으로 둘러싸인 'ㄴ'자 지형의 꼭짓점에 위치하면서 접안시설을 갖출 정도의 지반이 있고, 수심이 6~7미터로 넉넉해 큰 배도 드나들 수 있었다. 그야말로 항구로서 천혜의 입지를 갖추고 있었다.

방파제 끝에 작고 하얀 등대가 보였다. 방파제에서 바라보니 지중해는 더욱 잔잔하고 고요했다. 항구를 감싼 도시의 풍경에는 성벽이 두드러졌는데 아까 들렸던 톱하네 정원과 카페도 성벽 위에 얹혀 있었다. 멀리 도시를 감싼 산들도 항구에서 바라보니 더 거대해 보였다. 드넓은 지중해와 커다란 토로스 산맥이 감싼 안탈리아는 천혜의 장소였다. 우리는 지중해를 한껏 조망할 수 있는 공원을 찾아가기로 했다. 다시 가파른 절벽을 올라가 미로같은 골목길, 올드 타운 칼레이치 안으로 들어갔다.

칼레이치 거리

칼레이치^{Kaleiçi}[73]는 고대 성벽으로 둘러싸인 안탈리아 구시가지의 중심지이다. 성벽은 헬레니즘 시대를 비롯해 로마와 비잔티움, 셀주크와 오스만 시대를 거치면서 축성되었다. 오늘날 성벽 안에는 약 3000여 채의 집들이 들어서 있는데, 오스만 가옥들을 현대식으로 리노베이션 한 멋진 집들이 골목을 따라 늘어서 있다. 19세기 칼레이치 전통 주택 1층에는 대부분 발코니처럼 개방된 공간이 있는데 '소파^{sofa}'라고 불린다. 집의 바닥은 모자이크 돌로 포장되어 안뜰에 심어진 나무와 함께 집을 시원하게 해준다. 그리고 대부분 주거공간은 2층에 있으며 목재로 만든 돌출형^{bay} 창문이 있다. 2층이 통째로 돌출된 경우도 있는데 이는 이슬람 문화에서 여성들이 눈에 띄지 않고 밖을 볼 수 있도록 해 주었다. 이국적이고 색다른 느낌을 주는 골목을 누비며 어느 집 중정의 레몬나무도 보고 담벼락의 꽃도 보며 한참을 구경했다. 칼레이치가 '안탈리아의 보석'이라 불리는 이유를 알 것 같았다.

칼레이치의 거리를 걷다 바다를 보았다. 광활한 바다를 기대했지만 바다 저편으로 높은 산들이 보였다. 아마도 테케 반도의 산들일 것이다. 시야를 거두자 눈앞에는 흐드륵 쿨레시$^{Hıdırlık\ Kulesi}$라는 요새의 일부가

---

[73] 칼레이치란 튀르키예어로 '성이나 요새 안에'라는 뜻이다.

서 있었다. 높이가 14미터인 타워는 도시를 감쌌던 성벽의 일부로, 아래 사각형 구조는 2세기 로마시대에, 위의 원통으로 된 구조는 셀주크 시대와 오스만 시대에 부분적으로 축조된 것이다. 오늘날에는 석양이 질 때 아름다운 지중해를 보러 많은 사람들이 찾는 명소가 되었다. 석양이 지려면 아직 멀었지만 지금도 충분히 아름다웠다.

카라알리오을루^{Karaalioğlu} 공원에 다다랐다. 1940년대 초반에 건설된 공원은 대통령의 이름을 따서 이뇌뉘^{İnönü} 공원이라고 불렸지만, 공원 부지를 기부한 사람의 이름을 따서 카라알리오을루 공원으로 더 알려졌다. 지중해에 접한 절벽 위 약 7만 평방미터의 공원은 넓은 녹지 공간일 뿐만 아니라 지중해 풍경을 감상할 수 있는 멋진 곳이었다. 입구에서부터 아름드리 나무들이 우거져 있었고, 곳곳에 벤치와 쉼터가 있어 그늘에서 쉬기도 하고 지중해를 하염없이 바라보기에도 좋았다. 시야가 확 트이면서 내리쬐는 햇살에 눈이 부셨다. 분명 늦은 오후의 햇살인데도 한낮의 태양처럼 강렬하게 내리쬐고 있었다. 그리고 지중해 역시 햇살에 반짝이며 드넓게 펼쳐져 있었다.

ANTALYA-2
칼레이치 골목에서 길을 잃다
- 칼레이치의 모스크들 -

칼레이치의 모스크들

 안탈리아는 1950년대 이전까지 칼레이치 구역만을 부르는 이름이었다. 20세기 중반 이후 개발 분위기에 휩싸여 도시의 성벽은 허물어졌고 인근의 건축자재로 무분별하게 사용되면서 더욱 훼손되었다. 뒤늦게 성벽을 훼손하는 것이 금지되었지만 지금은 겨우 흔적만 남았다. 그래도 성벽 안 칼레이치는 역사보호지구로 지정되면서 옛 모습을 고스란히 간직하게 되었다. 반면에 성벽 밖은 급격하게 개발되어 도시의 규모가 기하급수적으로 커지면서, 유적과 유물들은 대부분 묻혀버렸다. 아이러니하게도 오늘날까지 칼레이치를 지킨 것은 성벽인 셈이다. 유적의 운명을 두고 볼 때 칼레이치는 운이 좋았던 것이다. 개발과 보존은 언제나 양날의 검이다. 둘 사이에서 공존의 열쇠를 찾기가 점점 더 어렵게 되었다.

지중해가 내려다보이는 톱하네 정원 카페에 왔다. 잔잔한 지중해는 반짝이는 물결과 천천히 움직이는 배들이 아니었다면 마치 시간이 멈춘 것처럼 보였을 것이다. 오늘은 조금 여유를 갖고 칼레이치 거리를 좀더 자세히 살펴보고 오랜 역사를 지닌 모스크와 성당을 찾아갈 예정이다.

우리가 여행하는 동안 종교적 건축물에 관심을 갖고 찾아가는 이유는 그 지역의 정서와 역사를 가장 많이 담고 있는 건축물이기 때문이다. 또한 지역 공동체는 종교적 건축물을 통해 지역적 특색을 드러낸다. 이것은 비단 튀르키예뿐만 아니라 중동이나 유럽, 아시아 등 세계 여러 지역에서도 찾아볼 수 있다. 다행히 여행하는 동안 종교적 사원을 방문하면서 낯선 이방인들을 내쫓는 일은 드물었고 오히려 반갑게 환영해주는 경우가 더 많았다. 물론 그전에 여행자는 예의를 갖추고 현지인은 마음의 문을 열어야겠지만 말이다.

홍차를 마신 후 역사적으로 오랜 된 모스크를 보러 이스메트파샤 트램 역으로 갔다. 모스크를 세운 사람의 이름을 딴 '발리 베이 자미 1485Balibey Camii 1485[74]는 15세기에 세워졌다. 번화한 트램 역과 하맘 바자르 옆에 있어 미나레트를 발견하지 못한다면 누구나 그냥 지나칠 수도 있을 것 같았다. 안뜰에서 보니 모스크는 단일한 돔에 한 개의 미나레트를 가진 아담한 규모였는데, 돌을 쌓은 벽과 기와로 덮인 돔 지붕은 꽤 오래되어 보였다. 반면 우뚝 솟은 미나레트와 북쪽으로 난 나르텍스는 비교적 최근에 지어진 것으로 보였다. 예배당으로 들어가자 내부가 온통

---

74 발리 베이(Malkoçoğlu Bali Bey)는 오스만 제국 때 활약한 총독이자 군사령관으로 알려져 있다. 15세기에 세워진 모스크로 인해 이 지역은 안탈리아에서 칼레이치 다음으로 오랜 된 정착지가 되었다.

하얀색이어서 소박하고 정결한 분위기가 돌았다. 독특하게도 미흐랍을 중심으로 양쪽에는 스테인드글라스가 아니라 일반 투명 창문이었다. 그곳으로 들어온 햇살이 하얀 벽면을 환하게 비춰 주었다. 잠시 분주한 도심 속을 벗어나 고요함 속에 머물렀다.

이번에는 칼레이치의 스카이라인을 수놓은 미나레트 중 가장 크고 유명한 이블리미나레 자미를 찾아갔다. 공화국 광장에서 난 옆길로 돌아가자 계단 아래로 모스크가 보였다. 도심 어디서나 보이는 이 모스크의 미나레트는 오늘날 안탈리아를 대표하는 랜드마크가 되었다.

이블리미나레 자미^{Yivliminare Camii}[75]는 셀주크 술탄인 알라엣딘 케이쿠바트 1세^{Alaeddin Keykubad I}에 의해 지어진 역사적인 모스크다. 1230년경에 지어진 모스크는 이후 십자군에 점령당해 비잔티움 교회로 개조되었다가 1373년에 다시 모스크로 완전히 재건되었다. 흔히 알고 있는 모스크의 중앙에 거대한 돔이 있는 형태가 아니라, 동일한 크기의 6개의 작은 돔이 있는 이 건물은 아나톨리아에서 다중 돔형^{multi-dome} 모스크의 가장 오래된 건축물 중 하나다. 그리고 재건된 모스크보다 더 오래된 미나레트는 안탈리아에서 건축된 최초의 이슬람 건축물로 평가받고 있다. 그래서 모스크의 이름에도 미나레트의 명칭이 붙어 있다.[76] 미나레트는 모스크와 약간 떨어져 정사각형 석조 기초 위에 높이 38미터로 우뚝 솟아 있었다. 미나레트 본체에는 8개의 홈이 나 있는데, 정상까지 나선형으로 된 90개의 계단을 통해 오를 수 있다.

---

75 원래는 술탄의 이름이 붙은 알라엣딘 자미(Alaeddin Camii)이지만 오늘날에는 이블리미나레 자미로 더 잘 알려졌다.
76 이블리미나레(Yivliminare)는 '세로로 홈이 새겨진 미나레트'이라는 의미다.

모스크 안으로 들어갔다. 모스크의 내부는 직사각형의 평면에 세 개의 돔형 베이가 두 줄로 구성되어 있었다. 열두 개의 기둥이 아치로 연결되어 돔을 받치고 있는데, 오스만 시대의 전통적인 큰 돔 구조보다는 천장이 낮고 어두웠다. 성당 건축양식과 비교해 오스만 시대의 큰 돔 구조의 모스크가 바로크나 신고전주의 양식이라면 셀주크 시대의 모스크는 로마네스크 양식과 비슷하다고 할 수 있다. 그리고 돔을 받치고 있는 여러 개의 기둥은 고대 로마 건축물의 유적에서 재활용된 것이다. 오래된 건축물이라서 그런지 기둥 사이에 철제가 보강되어 있었다. 바닥의 일부는 유리로 되어 있어 아래에 있는 고대 수로 유적을 드러내 보여주고 있는 것이 독특했다. 마침 기도시간이 되어서 무슬림들이 들어왔다. 우리는 조용히 밖으로 나왔다.

모스크 앞에는 여러 안내판들이 세워져 있었다. 모두 이슬람 종교를 쉽게 설명한 내용들이었는데, 이해를 돕기 위해 영어로 된 설명도 있었다. 안내판을 보면서 이들의 노력이 이슬람에 대한 선입견들을 조금씩 바꿔주고 있지 않을까 생각했다. '서로를 이해시키기 위해' 노력하는 것과 '서로를 이해하려고' 노력하는 것이 모두 중요하다는 것을 깨달았다.

다시 찾은 칼레이치의 골목길은 여전히 이방인에게 호기심을 자극하는 묘한 매력을 풍기고 있었다. 계속 이어지는 골목은 이색적이고 흥미로웠다. 마치 탐험가가 된 듯 이 골목 저 골목을 누비고 헤매다가 더러는 제자리로 되돌아오기도 했다. 이렇게 때로는 자발적으로 길을 잃는 것이 새로운 것을 만나게 되는 기회가 되기도 한다.

ANTALYA-3
안탈리아에서 옛 성당을 찾다
- 안탈리아 올드 타운 -

하드리아누스의 문

오늘의 칼레이치 골목 탐방은 무작정 헤매기보다 미리 알아본 몇 개의 옛 성당을 찾아보기로 했다. 이번에는 바다 쪽이 아니라 내륙의 성벽 밖에서 여정을 시작했다. 이스메트파샤 트램 역에 내려 아타튀르크 대로를 향해 걸어갔다. 아타튀르크 대로는 안탈리아 성벽을 따라 칼레이치 밖에 조성된 도로인데, 이 길로 역사지구 칼레이치와 안탈리아 시내를 구분한다. 칼레이치 성벽 밖에 있는 도심은 현대식 건물들이 많고 세계적인 브랜드들이 즐비하게 늘어서 있는 번화한 거리였다. 가까운 역사지구와는 확연히 다른 모습이었다. 성벽의 안과 밖의 풍경이 몇 세기의 시간을 넘나들고 있었다.

한동안 번화가를 걸어 내려가다가 안탈리아를 상징하는 기념물인 하드리아누스의 문Hadrian Kapısı을 만났다. 이곳에서는 굳이 찾아 나서지 않아도 보이는 랜드마크이다. 아타튀르크 대로를 건너 구시가지로 들어가기 위해 하드리아누스의 문을 지나는 사람들이 보였다.

앞서 에페수스 유적지에서도 언급했듯이 하드리아누스 황제는 로마 제국 전역을 순찰했는데, 서기 130년에 팜필리아의 도시들을 순방하는 동안 안탈리아를 방문했다. 서기 131~132년에 이를 기념하기 위하여 만든 하드리아누스의 문은 보존이 매우 잘 된 기념물 중 하나다. 이렇게 훼손되지 않고 오늘날까지 남아있었던 이유는 그동안 하드리아누스 문이 성벽에 둘러싸여 외부와 단절되어 있었기 때문이다. 이 문은 19세기에 들어와서야 비로소 알려졌고, 성벽이 허물어져 복원이 이루어진 것은 1959년에 이르러서였다.

하드리아누스의 문은 전형적인 로마의 개선문과 닮았다. 지금은 1층으로 되어 있지만 원래는 2층 구조였고, 거기에 하드리아누스의 동상이 장식되었을 것이라고 추정하고 있다. 아치형 통로가 세 개 있는 제법 큰 문은 높이가 약 8미터 정도 된다. 바닥에는 가운데 홈이 파여 있었는데, 오랫동안 도시를 드나든 수레바퀴에 의해 마모된 자리였다. 성벽은 도로를 따라 견고하게 서 있는 듯 하지만 부분적으로 허물어진 곳이 많이 보였다. 대부분 막힌 성벽을 뚫어 칼레이치 골목과 연결통로를 만들었기 때문이다.

옥토퍼스 북카페

성 니콜라스 독일인 교회를 찾아 나섰다. 지도를 보고 미리 알아본 바에 의하면 성벽 맞은편 골목 안에 있었다. 그런데 골목 입구에서 우연히 옥토퍼스 북카페Octopus Bookcafe를 발견했다. 건물 전체가 카페 공간으로 3층 옥상까지 이어져 있었다. 책을 좋아하는 우리는 튀르키예 북카페의 모습이 어떨지 궁금해 안으로 들어갔다. 1층은 음료와 간식을 파는 여느 카페와 비슷했고, 2층과 3층에는 튀르키예의 젊은 학생들로 붐볐다.

1층에서는 책 판매도 하고 있었는데 한쪽에서는 헌책도 보였다. 책을 구경하다가 포르투갈의 작가 주제 사라마구의 책을 발견해서 너무 반가웠다. 빈 자리가 나서 테이블에 앉아 홍차와 뵈렉Börek을 즐기며 카페를 둘러보니 열심히 공부하는 모습은 어디에나 비슷했다. 다만 남녀구분 없이 자유로운 젊은이들을 보니 튀르키예가 이슬람 문화권에서 가장 세속적인 나라임을 새삼 느낄 수 있었다. 카페를 나오면서 점원에게 교회의 위치를 물으니 친절하게도 카페 밖에까지 나와서 길을 알려 주었다.

성 니콜라스 독일인 교회St. Nicholas German Church는 카페에서 가까운 골목 안에 있었지만 아쉽게도 문이 닫혀 있었다. 그런데 유독 안탈리아에는 '성 니콜라스'라는 이름의 교회가 많다. 그 이유는 산탈클로스의 기원인 니콜라스 성인이 바로 안탈리아 근방에서 활동했기 때문이다. 니콜라스 성인의 고향이자 그가 주교로 시무한 성당이 있던 고대 도시 뮈라Myra는 오늘날의 뎀레Demre라 불린다. 가난한 사람들과 사회적 약자를 돕던 그의 행적이 유럽에 많이 알려지면서 그의 라틴어 이름인 상투스 니콜라우스Sanctus Nicolaus가 변형을 거쳐 영어로 산타클로스Santa Claus가 되었다.

오늘날 튀르키예 사람들이 대부분 무슬림이기 때문에 기독교 교회가 거의 없을 것이라는 추측은 사실 절반 정도만 맞는 얘기다. 튀르키예 공화국 이전의 오스만 제국 시절만 해도 여러 도시에 기독교 공동체와 교회들이 제법 있었다. 술탄의 허락을 받고 새롭게 건설되는 성당이나 교회였다. 하지만 오늘날 찾아보기 힘들 정도로 그 수가 줄어들게 된 건 그리스와 튀르키예의 인구교환이라는 역사적 사건이 결정적이었다. 이때 그리스인들이 튀르키예 땅을 떠나자 남은 교회나 성당은 비워져 허물어지거나 다른 용도로 바뀌게 되었다. 일부 교회들은 다시 문을 열기도 했지만 이슬람 종교가 다수를 차지하기에 여전히 숨죽이는 분위기 같다. 이럴 때 무엇보다도 서로에 대한 화해와 관용의 정신이 필요하다.

예니카프 그리스 교회와 성 바울 유니온 교회

칼레이치 안에 있는 오래된 성당을 찾아갔다. 미리 지도를 확인하고 왔는데도 자꾸 헤매는 걸 보니 역시 칼레이치의 골목은 길찾기가 쉽지 않다. 그러다 다른 골목길에서 드디어 찾던 교회를 만났다. 그리스 정교회 교회인 예니카프 그리스 교회Yenikapı Rum Kilisesi다.[77] 원래 이름은 '성 알리피우스 교회St. Alypius Greek Orthodox Church'였다. 1922년 인구교환으로 그리스인들이 떠난 후에 폐허로 방치되었다가 2011년에 복원되어 러시아 정교회 교회로 이용된다고 한다. 역시 문이 닫혀 있었지만 안내판에서 교회의 이름과 건축적 특징들을 알려주고 있어서 그 모습을 상상해 보았다.

---

[77] 19세기에 지어진 예니카피 그리스 교회는 '작은 그리스 교회'로도 알려져 있다. 하나의 네이브(신도석)를 가진 직사각형 평면에 맞배지붕은 둥근 기와로 덮여 있다. 2007년에 리노베이션을 통해 오늘에 이르고 있다.

근처에 또 하나의 교회 성 바울로 유니온 교회^{St. Paul Union Church}로 향했다. 교회 문이 열려 있어서 그동안의 아쉬움이 한 번에 사라졌다. 입구에 경비원이 인심 좋게 웃으며 환영의 손짓을 해주었다. 외관상으로 보면 전통적인 교회의 형태는 아니었다. 입구를 지나 현관 앞으로 가 보니 십자가상이 보였다. 교회는 2층으로 가야 했는데 '성 바울로 문화 센터'도 함께 있었다. 예배실에 들어가니 전통적인 교회와 달랐는데, '튀르키예의 독립 개신교 교회'라고 했다. 특히 설교대 뒤로 스테인드글라스가 인상적이었는데, 일곱 개의 창은 초기 일곱 교회를 상징한다. 예배실 건너편에 있는 성 바울로 문화 센터에서는 사도 바울로의 전도여행을 따라 성지 순례 투어를 안내하고 있었다.

1층은 아담하고 아늑한 카페였다. 바울로 플레이스^{Paul's Place}는 안탈리아 기독교인들의 교류 공간이었다. 그동안 원두커피를 마시지 못해 아쉬웠는데 정말 맛있는 커피를 맛볼 수 있었다. 그리고 뜻밖에도 사도 바울로의 전도 여행 지도를 선물로 받았다. 우리는 고마운 마음을 담아 어제 밤새 튀르키예어로 연습한 "새해 복 많이 받으세요" 인사를 건넸다.

"예니 이을른 쿠트루 올순^{Yeni Yılın Kutlu Olsun}!"

ANTALYA-4
지중해 해변을 걷다
- 콘야알트 해변 -

콘야알트 해변 트레킹

한동안 맑던 날씨가 이어지더니 어제는 한여름 소나기같은 비가 쏟아졌다. 안탈리아에서 눈은 거의 내리지 않는다고 한다. 그래서 따뜻한 지중해성 기후를 가진 안탈리아에는 12월에도 유럽인들의 여행이 끊이지 않는다. 오늘은 1월 1일 새해이다. 그래서 특별한 계획을 세웠다. 안탈리아에서 새해를 맞은 기념으로 하루종일 지중해를 보며 걷기로 했다. 비온 후의 맑게 갠 날씨라 더욱 설렜다.

안탈리아에는 세계적으로 유명한 트레킹 코스인 리키안 웨이[Lycian Way][78]가 있다. 안탈리아의 서쪽 페티예[Fethiye]에서 안탈리아까지 이어지는

---

[78] 리키아(Lycia)는 튀르키예 남부 해안의 지중해로 돌출된 테케 반도의 역사적 이름이자 고대 왕국의 이름이기도 하다.

540km의 트레일은 테케 반도의 해안마을과 고대 유적을 가로지르는 길이다. 이 트레일은 1999년 튀르키예에 사는 영국인 아마추어 역사가인 케이트 클로우 Kate Clow에 의해 만들어졌다. 역사적으로 중요한 유적지를 연결하자는 아이디어에서 시작된 이 길은 유적지뿐만 아니라 지중해의 아름다운 풍광과 자연을 체험할 수 있어 오늘날 많은 이들의 사랑을 받고 있다.

이번 여행에 리키안 웨이 트레킹을 계획했지만 일정상 포기했었는데 리키안 웨이 외에도 안탈리아에는 짧은 코스의 걷기 루트가 있다는 걸 알게 되었다. 그중에는 안탈리아를 대표하는 해변인 콘야알트 Konyaaltı 해변도 있었다. 비록 본격적인 트레킹은 아니지만 지중해와 함께 걷는 것으로 새해를 시작한다면 좋을 것 같았다.

콘야알트 해변까지 가기 위해 하드리아누스의 문 앞에 있는 정류소에서 노스텔지어 트램 Nostalji Tramvay을 타 보기로 했다.[79] 그동안 구도심에서 심심치 않게 보아왔던 트램을 꼭 타보고 싶었다. 새해 아침의 거리는 예상대로 한산했다. 어젯밤 TV에서 튀르키예의 신년행사를 이스탄불의 탁심 광장에서 진행했는데 무척 반가웠다. 튀르키예인들도 새해를 맞느라 밤을 샌 듯싶었기 때문에 오늘 아침은 번잡하지 않았다.

작고 예스러운 노스텔지어 트램을 타고 시계탑을 앞을 지나자 서서히 지중해가 보이기 시작했다. 트램은 독일의 뉘른베르크에서 기증한 것으로, 1999년에 개통했고 이동수단이라기보다 관광수단으로 사용되어 안

---

79 노스텔지어 트램은 총 길이가 4.7km로 매우 짧은 거리지만 차량이 두 대밖에 운행되지 않아 배차 간격이 30분이다.

탈리아의 명물이 되었다. 덜커덩거리며 달리는 트램 속에서 본 지중해는 잊지 못할 풍경을 자아냈는데, 그 모습에 흠뻑 빠지자마자 금세 종점에 도착했다. 바로 옆에 안탈리아 고고학 박물관이 있어서 그런지 역의 이름이 '박물관^{Müze}' 역이었다.

노스텔지어 트램 역 앞에 있는 전망대에 다가가 지중해를 바라보았다. 그야말로 전망이 확 트여 있었다. 오른쪽으로는 멀리 테케 반도 위로 솟아오른 산들이 눈앞을 가득 채웠는데, 산꼭대기에 쌓인 흰 눈이 장관을 이루고 있었다. 화창한 지중해와 길게 뻗은 콘야알트 해변, 그리고 눈 덮인 높은 산봉우리가 어우러진 풍경은 절경을 이루고 있었다. 이 풍경을 간직하고자 사진에 담아보았지만 우리를 압도했던 장엄함은 사진으로 담을 수가 없었다. 잠시 후 우리는 콘야알트 해변이 시작되는 절벽 앞 몽돌해변에서 지중해를 바라보았다. 따뜻한 햇살과 잔잔한 물결 소리가 고요한 음악처럼 흘렀다. 지중해를 오롯이 느끼기에 부족함이 없었다.

본격적으로 오늘 목표로 삼은 콘야알트 해변을 걸었다. 해변에는 자전거 도로와 산책로가 함께 조성되어 있었다. 산책로는 중간에 공원으로 이어져 있었다. 새해를 맞아 나들이를 나온 사람들이 많았다. 신이 난 아이들, 그 아이들을 지켜보는 부부, 투정부리는 아이와 혼내는 엄마, 어린 손자의 손에 이끌린 할아버지와 할머니. 아마도 사람이 살아가는 모습은 지구 어디에서나 비슷한 모습인 것 같다. 아마 행복이란 것도.

길게 뻗은 해변을 걷는 것이라 지도를 볼 필요도 없었고 길을 물을 필요도 없이 바다를 품고 걷기만 하면 되었다. 해변의 길이는 14km나 되는 될 정도로 길었기 때문에 어느 시점에서 뒤돌아섰다. 되돌아오는 길을 생각해야 했기 때문이다. 온몸에 땀이 흘렀지만 기분은 좋았다. 새해에 따사로운 햇살을 받으며 땀나도록 해변을 걸어보기는 처음이었다. 어느덧 출발했던 몽돌 해변으로 돌아왔다. 꽤 걸었는지 다리가 뻐근해 왔다. 우리는 신발을 벗고 고요한 지중해에 발을 담그고 두 손을 적셔보았다. 시각과 청각만이 아니라 촉감으로도 지중해를 느껴보고 싶어서였다. 1월의 바닷물은 그렇게 차갑지 않았다. 적신 발을 말리며 해변의 뜨거운 몽돌 위에 앉아 지중해를 바라보며 새해 첫날을 마무리했다.

역사저술가 존 줄리어스 노리치는 "지중해는 기적이다."라고 말했다.[80] 바다를 보고 기적이라고 말하기에는 언뜻 과장되었다고 생각했는데 노리치의 말을 이해할 수 있을 것 같았다. 지금 보고 있는 지중해로 인해 여러 문명이 만들어지기도 하고 때론 무너지기도 했다. 그리고 그 때의 문명은 오늘날까지 영향을 미치고 있다. 거대한 피라미드의 이집트 문명, 찬란한 그리스 로마 문명, 그리고 세계 3대 종교인 기독교, 유대교, 이슬람교의 발흥지인 팔레스타인 문명이 바로 지중해의 동쪽에서 시작되었다. 아나톨리아의 남부 해안은 그 문명들이 거쳐 갔던 주요 공간이었다. 언젠가 동쪽에서 말을 타고 온 유목민이 배를 탔던 이유는 지중해를 장악하기 위해서였다. 그리고 그들은 기어이 이 바다를 장악했고 대제국을 세웠다. 그들의 후예가 바로 오늘날의 튀르키예이다.

---

80 "지중해는 기적이다. 지중해는 육지로 빙 둘러싸인 형태로 되어 있다. (…) 지중해는 또 지구상에 6대륙 가운데 3대륙을 이어주고 있으며 보기 드물게 연중 내내 쾌적한 기후조건을 가진 곳이기도 하다. 그런 호조건을 지닌 지중해가 고대의 찬란한 문명 세 개를 살찌우고 또 세계 3대 종교를 탄생시키거나 꽃피우는 무대가 된 것은 지극히 당연했다." - 존 줄리어스 노리치, 《지중해 5000년의 문명사》, 뿌리와이파리, 2009

몇몇 배들이 한가로이 바다 위에서 떠다니고 있었다. 그 모습을 보고 잠시 상상해보았다. 한때는 해적들의 배가, 다른 때에는 십자군 함대가 들어왔다. 또 상선을 타고 사도 바울로는 안티오크로 떠났다. 반면 대탐험가였던 이븐 바투타 역시 무역선을 타고 도착했다. 북적이는 배들이 안탈리아 앞 바다를 가득 메우고 있었을 것이다. 그건 오늘날에도 마찬가지다. 이 바다는 멋진 풍광과 햇살을 즐기려 몰려드는 전 세계 여객선으로 북적이고 있으니까 말이다.

"그렇다. 지중해는 기적이다."

ANTALYA-5
안탈리아의 문화를 접하다
- 문화루트협회 -

문화루트협회

안탈리아에서 머무는 마지막 날이다. 구시가지의 옥토퍼스 북카페가 있는 골목으로 들어갔다. 지난번에 들렀다가 문이 닫혀 있었던 문화루트협회 Culture Routes Society를 방문하기 위해서였다. 협회 사무실은 큰 길에서도 안쪽으로 들어가 있어 찾기가 어려웠다. 문 앞에 도착했는데 오늘도 문이 닫힌 듯 보였다. 마지막 날이라 이제는 더 이상의 기회가 없을 듯해서 한숨이 나왔다. 발길을 돌리려고 하다가 창문으로 불빛이 보여 혹시나 하는 마음으로 문 앞에 있는 초인종을 눌렀다. 잠시 정적이 흐르다가 한 청년이 나왔다. 청년은 점심식사 시간이라며 1시간 뒤에 방문해 달라고 했다. 그러더니 타국에서 온 여행자의 처지를 알았는지 잠깐이라면 괜찮다며 문을 열어주었다. 우리는 고마운 마음에 흔쾌히 안으로 들어갔다.

자신을 '아나트^{Anat}'라고 소개한 청년은 열정이 넘쳐 보였다. 그는 문화루트협회를 튀르키예의 문화적, 역사적, 자연적 장소들을 루트로 만들어 보호·유지하는 단체라고 소개했다. 문화적 루트를 걷는 이들에게 편의를 제공하는 튀르키예의 비영리단체였다. 문화루트협회는 리키안 웨이를 만든 케이트 클로우의 주도로 2012년에 설립되었다. 그동안 '세인트 폴 트레일', '에블리야 첼레비 웨이', '수피 트레일', '트로이 문화 루트', '술탄 트레일', '프리기아 웨이' 등 수많은 루트를 만들었다. 걷는 이들을 위해 지도 제작과 함께 이정표 표시, 코스 설명 책자 등을 만들었다. 아나트는 우리에게 어디서 왔냐고 묻기에 '코리아'라고 했더니 갑자기 함박웃음을 지으며 벽을 가리켰다. 파란색의 제주 올레 표시가 그곳에 있었다. 협회는 제주 올레와 파트너쉽을 맺었다며 자랑스러워했다. 먼 나라 튀르키예에서 제주 올레 마크를 보니 우리도 놀랍고 반가웠다. 아나트는 영문판 튀르키예 문화 지도와 문화루트협회의 홈페이지 주소[81]가 있는 명함까지 주었다. 아나트에게 새해 인사로 고마움을 대신했다. 사무실을 나오면서 이 작은 곳이 문화여행의 좋은 길잡이가 되기를 기원했다.

지중해가 내려다보이는 톱하네 정원 카페에 왔다. 그동안 지중해를 보기 위해 매일 이곳에 왔었다. 그래서 안탈리아에서의 마지막 날도 홍차를 마시며 지중해를 바라보고 싶었다. 오늘도 지중해는 잔잔했지만 오후부터 구름이 잔뜩 끼어 있었다. 하지만 구름 낀 흐린 날씨의 바다 풍경도 좋았다. 지중해는 더욱 짙고 장엄해 보였다.

---

81 문화루트협회 홈페이지 https://cultureroutesinturkey.com/

14세기 중세 아랍인 여행자 이븐 바투타^{Ibn Battuta}는 아프리카 모로코의 탕헤르 출신으로 아프리카, 유럽, 아시아 대륙을 30여 년간 여행했으며. 귀향 후에 유명한 여행기 《리흘라^{Rihla}》를 저술했다. 이 책에는 아나톨리아 여행도 기술되어 있다. 시리아에서 배를 타고 알라냐^{Alanya}를 거쳐 안탈리아로 온 이븐 바투타는 육로로 데니즐리, 셀축, 이즈미르, 부르사 등을 거슬러 올라갔다. 공교롭게도 그의 여행은 이번 우리의 여행 경로와는 정반대였다. 대여행가였던 그는 안탈리아를 '가장 아름다운 도시'로 찬양했다.[82]

그로부터 약 700여 년이라는 시간이 지났지만, 이곳은 여전히 아름답다는 생각을 했다. 짙게 내려앉은 구름 사이로 잠시 붉은 석양빛이 지중해에 내려앉았다. 그 아름다운 반짝임이 우리에게 건네는 지중해의 작별 인사 같아서 가슴이 뭉클해졌다.

---

[82] "나는 가장 아름다운 도시인 안탈리야(Antaliya)로 갔다. 광대한 면적을 차지하고 있으며, 거대한 면적의 도시임에도 불구하고, 인구가 매우 많고 잘 배치되어 있는 것 외에, 어디에서나 볼 수 없는 가장 매력적인 도시 중 하나이다." 이븐 바투타, 《Rihla》

ANATOLIA 3 -
KONYA

낯선 풍경과의 조우

Antalya → Konya

오늘은 지중해의 안탈리아를 떠나 아나톨리아 고원의 콘야로 떠난다. 이른 아침에 체크아웃하고 서서히 밝아오는 하늘을 보면서 버스회사 사무소로 갔다. 이번에는 외즈카이막^{Özkaymak} 회사의 버스를 이용하는데, 콘야를 중심으로 아나톨리아 중부지역의 운송서비스를 담당하는 주요 버스회사였다. 친절한 직원의 안내로 세르비스 버스를 타고 안탈리아 시외버스터미널에 도착했다. 이번 버스도 이곳이 출발지여서 정시에 출발했다. 외즈카이막 버스도 쾌적하고 편했는데, 튀르키예에서 기차보다 장거리 버스가 더욱 인기 있는 이유를 알 것 같았다. 버스가 출발하자 지중해 도시 안탈리아와 작별 인사를 했다. 약간 흐린 날씨여서 이별이 더욱 애틋했다.

안탈리아 시내를 벗어나니 유적지를 알리는 표지판들이 나타났는데 곳곳에 고대도시들의 유적지[83]가 산재해 있었다. 지중해 해안에서 멀지 않은 곳이라 예로부터 살기 좋은 기후와 지형 덕분에 많은 도시들이 생겼다가 없어지곤 했다. 그 많은 역사적인 도시들을 그냥 지나치자니 안타까웠다.

지중해 해안을 따라 남동쪽으로 내려가는 동안은 지형의 변화가 거의 없었다. 오늘의 목적지인 콘야는 내륙 고원에 있기 때문에 분명히 계속 해안을 따라 가지는 않을 것이라 예상했다. 그때 버스가 갑자기 원을 그리듯 크게 돌며 방향을 바꾸었다. 그리고 우리가 예상했던 대로 버스는 본격적으로 아나톨리아 내륙으로 북진했다. 하지만 그전에 넘어야 할 거대한 산들이 있었다. 튀르키예의 중추 산맥[84] 중 하나인 토로스 산맥이었다. 토로스Toros 산맥은 안탈리아의 테케 반도, 즉 아나톨리아 반도 남서부에서 시리아 국경 너머 메소포타미아 북쪽 경계까지 이어져 있다. 아나톨리아 고원과 지중해 사이를 가로지르고 있는 산맥이다. '황소자리'란 뜻을 가진 토로스 산맥은 해발 3000미터가 넘는 고산이 즐비할 정도로 험준하다.

버스는 마치 거대한 산에 도전하듯 묵묵히 오르기 시작했다. 그러자 바깥 풍경이 서서히 변했다. 고도가 높아지면서 식생도 달라졌다. 산악지대로 접어들자 나무의 크기들이 작아지고 척박한 돌산이 이어졌다. 저 멀리 높은 산봉우리는 눈으로 덮여 있었다. 불과 한두 시간 만에 지중해의

---

83 페르게 고대도시(Perge Antik Kenti), 아스펜도스(Aspendos), 시데(Side) 등이 있었다.
84 아나톨리아의 주요 산맥으로 흑해와 마주한 북부 아나톨리아(Kuzey Anadolu) 산맥과 지중해를 마주한 토로스 산맥을 말한다. 아나톨리아 고원을 떠받치는 양대 산맥이다.

봄 날씨에서 북쪽의 한겨울 날씨로 바뀌니 기분이 묘했다. 그동안 너무 따뜻해서 계절 감각을 잊고 있었지만 지금은 1월이 아닌가. 이제야 튀르키예의 내륙에서 한겨울을 맞았다.

버스가 커다란 고개를 하나 넘자 산들 사이로 펼쳐진 작은 분지에 마을 하나가 나왔다. 눈에 둘러싸인 작은 마을 한 가운데에는 미나레트 두 개가 서있는 모스크가 있었다. 마을 주위로 S자를 그리며 도로가 이어져 있어서 이름모를 작은 마을에 시선이 오래 머물렀다. 나중에 지도에서 찾아보니 '야푸즈Yarpuz' 마을로 안탈리아 주의 마지막 마을이었다. 이 마을을 끝으로 콘야 주로 들어선 것이다.

마을을 지나자 산의 지형과 기후가 다시 한번 확 바뀌었다. 고도가 더 높아진 산에는 키가 큰 관목들이 우거져 있었고 눈발도 거세게 몰아쳤다. 점점 토로스 산맥의 중심에 다가가는 듯싶었다. 눈바람이 몰아쳐 시야가 막히는 속에서 버스는 낭떠러지 가까이를 돌며 위태롭게 산길을 달렸다. 창밖을 보니 낭떠러지에 난간이 보이지 않아 아찔하였다. 더구나 버스는 스노우 체인도 없이 달리고 있었다.

시간이 얼마나 흘렀을까. 한참 후 산맥을 넘어 버스는 산 아래로 내려가기 시작했다. 이윽고 작은 도시에 정차했는데 세이디쉐히르Seydişehir라는 콘야 주의 첫 도시였다. 20분간 정차한다고 해서 밖으로 나가보니 그새 눈이 그쳤다. 휴게소의 온도계를 보니 영상 3도를 가리키고 있었다. 바람도 잠잠해서 그렇게 춥게 느껴지지 않았다. 험한 산길을 무사히 넘어온 버스를 보니 마치 예전에 상인들을 태우고 이 길을 넘었던 말이나 나귀처럼 대견하게 느껴졌다. 버스가 다시 출발하자 그동안 긴장했던 몸이 풀렸는지 잠시 졸았다. 얼마 후 주위가 부산스러워서 정신을 차려 보니 어느덧 버스는 큰 도시로 들어가고 있었다. 콘야였다.

콘야의 첫 모습은 좀 의외였다. 콘야 평야로 대표되는 농업 도시이자 종교적 색채가 짙은 보수적인 도시로 전통적인 모습을 간직했을 거라고 예상했다. 하지만 오늘날 콘야는 도시 외곽에 대단위 아파트 단지가 계속 이어질 정도로 산업화 되어 있었다. 역시 가보지 않은 도시를 예단하는 것은 금물이며 제대로 이해하는 것이 아니라는 것을 깨달았다. 그런 선입견을 내려놓기 위해 우리는 이렇게 모험과 탐방을 계속하는 것이리라.

버스터미널에 도착하자 문제가 생겼다. 콘야에는 세르비스 버스가 없었다. 그동안 여러 도시에선 세르비스 버스가 있어서 터미널에서 숙소까지 가는 길을 걱정하지 않았다. 터미널 직원에게 물어보니 다행히 메블라나 광장으로 가는 돌무쉬 버스가 있다는 걸 알았다. 지난번 셀축에서 에페수스 유적으로 갈 때 타 보았던 작은 버스였다. 커다란 배낭을 짊어지고 미니버스에 오르니 버스 안에는 이미 승객들로 가득 차 있었다. 겨우 비집고 들어갔지만 난감했다. 그런데 승객들이 낯선 여행객을 위해 조금씩 공간을 비껴주는 게 아닌가. 여행자를 환영하는 듯 밝게 웃어주는 분들을 보니 마음이 놓이고 콘야에서의 여행도 기대가 되었다.

"인샬라!"

KONYA-1
메블라나 루미의 도시
- 메블라나 박물관 -

콘야의 역사

콘야에 도착한 날 아침 창문의 커튼을 걷자 바로 앞에 커다란 모스크가 보였다. 어젯밤에 자는 동안 큰소리에 놀라 깼는데 아마도 무에진^{Müezzin}이 새벽기도를 알리는 에잔^{Ezan}[85] 소리였나 보다. 이렇게 가까이에 모스크가 있었으니 크게 들릴 만도 했다. 그러고 보니 한 달 넘게 튀르키예를 여행하면서 에잔 소리를 별로 의식하지 못했던 것 같았다. 그런데 새벽의 에잔 소리는 메아리가 울리듯 계속 이어져 좀 특별하게 들렸다. 그 울림이 에잔의 도시, 모스크의 도시에 온 걸 환영해주는 것 같았다.

중앙 아나톨리아 고원의 남서쪽에 위치한 콘야^{Konya}는 튀르키예에서

---

85 하루 다섯 번 기도 시간을 알려주는 '아잔(azan)'은 튀르키예어로는 '에잔(Ezan)'이다.

가장 큰 면적을 가진 주(州)이면서 일곱 번째로 인구가 많은 도시다. 신석기 유적지 차탈회위크^{Çatalhöyük86}가 근처에 있는 것으로 보아 역사적으로 오래 전부터 인류가 거주했음을 알 수 있다. 그후 히타이트와 프리기아 왕국을 거쳐 리디아, 페르시아, 알렉산드로스의 침략을 차례로 받다가 끝내 로마 제국의 지배를 받게 되는데, 이때는 '이코니움^{Iconium}'이라고 불렸다.

이 도시가 역사적으로 가장 빛났던 때는 셀주크 튀르크 제국에서 떨어져 나온 왕족 국가인 튀르키예 셀주크조$^{Türkiye\ Selçukluları87}$ 시대였다. 당시 셀주크 튀르크는 본가 외에 여러 왕족국가가 병존했는데, 튀르키예 셀주크조는 아나톨리아 지역 서쪽에 세워진 국가였다. 그때 수도가 되면서 '콘야'라는 이름으로 거듭났다. 튀르키예 셀주크조는 튀르크족이 처음으로 아나톨리아에 발을 디뎌 진출한 왕조였다. 이후 아나톨리아는 오스만 제국의 토대가 되었고 오늘날에는 튀르키예 국토의 대부분을 차지하고 있다. 비록 국운이 그리 길지 않았지만 한때 아나톨리아를 휩쓸던 셀주크 튀르크의 역사와 문화, 예술은 오늘날 콘야에 가장 잘 간직되어 있다.

이번 여행에서 콘야는 우리에게 특별했는데, 그건 메블라나 젤랄레딘 루미$^{Mevlana\ Jelaleddin\ Rumi}$에 대한 관심 때문이었다. 그는 이슬람 신비주의로

---

86 차탈회위크는 콘야에서 남동쪽으로 50km 떨어진 곳에 있다. 기원전 7500년에서 기원전 5700년 사이에 존재했던 신석기시대 초기 도시 유적이다. 이 유적은 진흙 벽돌로 잘 지어진 사각형의 주택인데, 특이하게도 약 100년을 주기로 기존의 주택을 메운 다음 그 잔해 위에 새로운 주택을 지었다. 그 결과 최초의 마을이 조성되었던 자리에서 높이 20미터에 달하는 인공 언덕이 만들어졌다. 고일홍 외, 《동서양의 접점 : 이스탄불과 아나톨리아》, 서울대출판부, 2017

87 룸 술탄국(Rum Seljuk Sultanate), 아나톨리아 셀주크조(Anadolu Selçukluları), 룸 셀주크(Rum Selçuk) 등으로 불리기도 한다.

알려진 수피즘의 한 종파인 메블레비 교단의 창안자이자 시인이다. 우리는 한때 수피즘의 철학이 담긴 에세이와 루미의 시 작품에 심취했었다. 그래서 그의 영묘와 메블레비의 종단이 있는 콘야는 꼭 방문하고 싶었다. 또한 메블레비의 수도승들이 추는 세마 춤도 콘야에서 제대로 감상해보려고 한다. 저번 이스탄불에서도 세마 공연이 있었지만 그보다는 메블레비 종단 본거지인 콘야에서 세마 춤을 보고 싶었기 때문이다.

숙소를 나와 골목을 빠져 나가자 커다란 광장을 만났다. 넓은 광장에는 거대한 모스크가 우뚝 서 있었는데, 숙소에서 보이던 모스크였다. 그리고 왼쪽으로 또 다른 모스크가 있었는데 초록색 돔이 눈에 띄었다. 바로 루미의 영묘를 상징하는 초록색 돔으로 메블라나 박물관이다. 그렇다면 우리가 서 있는 이곳이 바로 메블라나 광장이다.

술탄 셀림 자미

메블라나 박물관으로 가기에 앞서 눈앞에 있는 커다란 모스크가 궁금했다. 메블라나 광장에 기념비적으로 서 있는 이 모스크의 이름은 '술탄 셀림 자미 Sultan Selim Camii'였다. 중앙에 큰 돔과 양쪽으로 두 개의 미나레트가 있고, 정문의 주랑현관에는 7개의 작은 돔을 지닌 전형적인 오스만 고전양식의 모스크였다. 다만 정면에서 보기에는 큰 돔 옆에 세미 돔이 붙어있지 않고 사각으로 각이 진 벽이 받치고 있다는 점이 달랐다. 무엇보다도 광장이라는 개방된 공간에 있다는 것이 여느 모스크와 다른 독특한 점이었다. 왜냐하면 보통 모스크는 외부세계와 단절된 안뜰이 있는데 술탄 셀림 자미는 광장에 예배당만 있었기 때문이다. 나중에 알고 보니 술탄 셀림 자미도 처음에는 부속건물까지 갖춘 복합 단지, 즉 퀼리예였다. 그런데 오랜 세월동안 부속건물들이 하나둘씩 철거되면서 주위는 광장으로 변했고 오늘날 이렇게 예배당만 홀로 남게 된 것이었다.[88]

이 모스크는 건축주의 이름에서 오는 혼란이 아직 남아 있다. 모스크 입구에 명판으로 '술탄 셀림 자미 1570'이라고 명확하게 쓰여 있지만 후대에 붙인 것이다. 오스만 제국의 술탄 셀림 2세가 모스크를 완공해서 명명되었지만, 사실은 셀림 2세의 아버지인 쉴레이만 대제 때 대부분의 공사가 이루어진 것이다. 그렇다면 당시는 분명 미마르 시난의 시대였다. 그렇지만 시난의 건축목록에는 기록되어 있지 않다고 한다. 그럼에도 오늘날 대부분의 연구자들은 미마르 시난의 작품으로 간주하고 있다. 그렇다면 우리는 콘야에서 미마르 시난의 작품을 다시 만난 셈이다.

모스크 내부는 크고 정결한 아름다움이 있었다. 밖에서 보아 짐작했지만 거대한 돔이 천장 중앙에서 중심을 잡고 있었다. 그런데 아까 밖에서는 보지 못했던 미흐랍 방향에 반원형의 세미 돔 하나가 더 있어 내부 공간의 폭을 넓혀주고 있었다. 나머지 세 면에는 아치형 벽에 유리창이 있었다. 예배당 내부에는 흰 바탕에 황색과 청색으로 수놓은 문양들이 보였는데 고귀한 품격이 느껴졌다. 흥미로운 건 설교대 민바르의 꼭대기에 메블라나 박물관의 상징인 초록색 돔이 있었는데 작은 크기로 만들어 올려 놓은 것이었다. 아주 맑은 날씨가 아님에도 모스크 예배당 안에는 창을 통해 들어온 빛들로 가득했다.

---

88 부속건물 중 유수프 아아(Yusuf Ağa) 도서관은 모스크의 서쪽에 아직 남아있다. 오스만 제국 시대에 도서관으로 지어진 콘야의 유일한 건축물이다. 1795년에 셀림 3세의 어머니인 미흐리샤 술탄의 어머니 유수프 아아(Yusuf Ağa)에 의해 지어졌다. 오늘날에도 여전히 도서관으로 이용되고 있다.

KONYA 175

메블라나 박물관

모스크를 나와 메블라나 박물관으로 향했다. 두 모스크 사이에 있는 긴 담을 한참 돌아 박물관 입구로 갔다. 당연히 입장료가 있는 줄 알았는데 간단히 소지품 검색만 하고 입장했다. 박물관 앞에는 아담한 크기의 정원이 있었다. 원래 셀주크조 술탄의 장미 정원이었는데 루미의 아버지가 세상을 떠난 후 그의 묘지가 되었다. 그리고 루미도 사망 후에 아버지 곁에 함께 묻혔다. 계절이 겨울이니만큼 정원의 꽃과 나무들은 한껏 움츠려 있었다. 구경하는 사람들도 추위를 타기는 마찬가지였는데, 손이 시리고 입에서는 하얀 입김이 나왔다. 어제까지만 해도 따뜻한 지중해에 있었는데 내륙 분지인 콘야의 추위가 이렇게 매서울 줄은 몰랐다.

메블라나 박물관 Mevlana Müzesi 은 원래 메블라나의 영묘와 함께 메블레비 교단의 테케가 있던 곳이었다. 1273년 메블라나가 죽은 후 그의 절친한 친구이자 후계자인 후사멧딘 첼레비 Hüsameddin Çelebi 는 메블라나를 따르는 '메블레비'의 수장이 되었다. 그가 메블라나의 영묘를 지었다. 후사멧딘 첼레비가 사망한 후에는 메블라나의 장남인 술탄 왈라드 Sultan Walad 가 유지를 이어받아 교단을 조직해 오늘에 이르고 있다.

정원을 돌아가니 여러 건물들에 싸인 작은 안뜰이 나왔다. 왼쪽에는 영묘와 모스크가 있고, 맞은편에는 여러 건물들이 붙어 있는 형태의 'ㄷ'자형 구조였다. 우선 메블라나 루미의 영묘가 있는 곳으로 갔다. 영묘 안에는 여러 관들이 줄지어 있었는데, 대부분 메블라나 루미의 가족들과 추종자들의 관이었다. 그리고 끝에 있는 가장 큰 관이 바로 메블라나 루미의 관이었다. 금실로 쿠란의 구절을 수놓은 천으로 관을 덮었고 두 개의 초록색 터번이 올려 있었다. 루미의 관은 실제로 그 아래에 있고 옆에는 그의 아버지 바하우딘 왈라드Bahauddin Walad의 관과 아들 술탄 왈라드의 관도 나란히 놓여 있었다.

메블라나의 묘를 직접 보니 감동적이었다. 하지만 소박한 묘일 것이라 기대했는데 영묘가 좀 화려해 보였다. 물론 후대가 꾸민 묘소이겠지만 평소 그의 성품과는 어울리지 않는 듯했다. 메블라나도 생전에 아버지의 영묘를 지으며 사람들에게 "하늘 돔보다 더 웅장한 것을 지을 수 없으니 신경 쓰지 말라."고 말했다고 전해진다. 그만큼 묘소에 의미를 두지 않았다.[89] 하지만 메블라나의 아들 술탄 왈라드는 메블라나의 무덤 위에 영묘를 지으려는 사람들의 소원을 받아들였다.

흥미롭게도 박물관의 상징물인 초록색 돔은 메블라나 관 바로 위에 설치되었다. 메블라나가 세상을 떠난 후 120여년이 지난 1397년에 녹색 타일로 덮인 16면의 원불형 돔이 만들어졌다. 그후 영묘는 초록색 돔을 의미하는 '쿱베이 하드라Kubbe-i Hadra'라는 이름을 갖게 되었다. 이 쿱베이 하드라는 오늘날 콘야를 대표하는 상징물이다.

옆 전시실로 들어가니 세마의식이 행해졌던 세마하네Semahane가 나왔다. 영묘의 건물은 여러 차례 증축되었는데, 세마하네는 옆에 있는 모스크 예배당과 함께 오스만 제국의 셀림 2세 때 만들어졌다. 천장에는 거대한 돔으로 덮여 있어 마치 모스크를 보는 듯 했다. 흰 바탕에 다양한 무늬로 장식된 돔 내부도 인상적이었지만 그 아래 펜덴티브를 수놓은

---

89 메블라나 루미의 비문에는 "우리가 죽은 후, 무덤 속에서 우리를 찾지 말고 마음속에서 우리를 찾아라."고 쓰여 있다. 김규섭 외, 《수피즘 : 실크로드를 읽는 문화코드》, 소통, 2016

붉은색 문양도 매우 화려해 보였다. 전시실 곳곳에 있는 유리 전시함에는 필사된 옛 책들이 있었다. 화려하게 장식된 책들은 대부분 쿠란과 시집으로 책의 모양과 크기, 글씨체와 채색이 모두 달랐다. 그중 압권은 가장 오래된 사본인 메블라나 루미의 1278년 판 《마스나비 MASNAVI》였다.

세마하네를 나와 통로를 따라가니 예배당이 나왔다. 영묘 안에 있는 예배당이기 때문에 일반 모스크의 예배당과는 다른 점이 많았다. 예배당은 세마하네와 벽으로 완전히 나누어져 있지 않아서 개방된 느낌이었다. 그리고 기도하는 방향을 알려주는 미흐랍도 벽이 아니라 중앙 기둥에 있어 특이했다. 아마도 이 모스크가 나중에 증축되었기 때문일 것이다. 예배당 안에서도 미흐랍 뒤로 메블라나의 관이 바라보였다. 이곳의 주인공은 예배당이 아니라 영묘인 듯하다.

모스크를 마지막으로 영묘 건물을 나왔다. 넓은 마당에는 여러 건물들이 보였는데 왼쪽에 있는 큰 건물은 마트바흐 셰리프 MATBAH-I ŞERİF로 데르비시들의 주방이었다. 실물 크기의 밀랍인형들이 당시 모습을 재현하고 있었다. 그 앞의 'ㄴ'자형으로 배치된 건물은 메블레비 데르비시[90]들이 기거하며 수련했던 테케이다. 건물 위에는 고깔모양의 굴뚝과 함께 작은 돔이 17개나 보였는데 메블레비 데르비시의 암자들이었다. 원래 이곳은 메블레비 교단에서 시행한 1001일간 지속된 영적 훈련을 완수해서 '데데 Dede'라는 칭호를 받는 사람에게만 할당되는 곳이다. 일부 암자에는 필요에 따라 두세 명의 데르비시가 머물렀다. 지금은 수도승들의 생활모습을 보여주는 박물관이 되어 의복과 책들, 악기들이 전시되고 있었다.

---

90 데르비시(Derviş)는 수피 교단의 구성원으로 수도승을 지칭한다. 따라서 메블레비 데르비시는 메블라나 루미를 따르는 메블레비 교단의 수도승을 말한다.

세마의식에서도 빼놓을 수 없는 악기들은 메블레비의 중요한 수행의 도구 중 하나였다. 실제 메블라나 루미도 악기들을 잘 다뤘다고 한다.

마지막 암자까지 돌아본 후 다시 안뜰을 돌아보았다. 메블라나 루미를 기리는 박물관은 메블레비 교단을 알리는 중심지이다. 그래서 전 세계에서 메블레비 성지를 방문하기 위해 수많은 순례자들이 모일 뿐만 아니라 메블라나 루미의 깨달음과 그의 시에서 위안을 받은 일반인들도 끊임없이 방문하고 있다.

KONYA-2

메블라나 루미의 시대
- 파노라마 콘야 박물관 -

콘야의 홍차 가게

메블라나 박물관을 나오니 몰려오는 추위에 온몸이 떨렸다. 우리는 서둘러 따뜻한 찻집을 찾아 광장을 가로질러 갔다. 상가들이 모여있는 골목길로 들어가 아주 오래되어 보이는 홍차 가게를 발견했다. 마치 옛날로 돌아간 듯한 찻집과 거리의 풍경이 마음에 들었다. 가게 안에는 빈 자리가 없을 정도로 손님들이 가득했다. 난처해하는 낯선 여행객에게 한 노인이 손짓으로 안쪽에 들어가 앉으라고 했다. 그러자 손님들이 조금씩 자리를 양보해주어 차를 끓이는 스토브 앞 자리에 앉았다. 추위에 떠는 여행자를 배려해 준 노인에게 고마움의 인사를 하니 미소를 지으며 고개를 끄덕여 주었다. 커다란 화로에선 석탄이 불을 뿜고 있었고 위에는 커다란 물탱크가 연결되어 있었다. 아마도 홍차 찻잎이 들어있는 것 같았는데 연결된 꼭지를 돌리자 연신 홍차가 흘러 나왔다. 석탄을 사용해 홍차를 우려내는 이런 오래된 방식의 도구가 무척 신기했다. 스토브 앞에서 따뜻한 홍차를 마시자 추위로 떨리던 몸이 따스해졌다. 내부를 구경해보니 가게가 소개된 옛날 신문이 벽에 붙어 있었다. 기사를 보니 아주 오래되고 유명한 홍차 가게였다. 홍차를 끓이고 있는 주인아저씨의 젊은 모습도 있어서 여러 번 번갈아 보았다. 찻집의 주된 손님들은 이 마을에 오래 살고 있는 노인들로 사랑방처럼 이용하는 분위기였다. 작은 찻잔의 홍차가 줄어드는 게 아쉬울 정도로 따뜻한 찻집에 오래도록 앉아 있었다. 우연히 알게 된 이 홍차 가게는 우리가 콘야에 머무는 동안 비가 오는 날도 눈발이 날리는 날에도 매일 찾아가는 단골 찻집이 되었다.

아지지예 자미

찻집을 나와 상점가를 벗어나자 아지지예 자미 Aziziye Camii를 만났다. 안뜰이 없고 거리에 모스크가 바로 이어져 있었다. 두 개의 미나레트를 가진 모스크는 외관상으로 다른 모스크들과 달랐다. 먼저 모스크의 미나레트에 있는 세레페가 달라보였다. 세레페 Şerefe란 무에진이 미나레트에 올라 에잔을 낭송하는 자리로 마련된 발코니이다. 보통 모스크의 세레페는 미나레트의 상위 중간 부분에 설치되어 있고 그 위로는 뾰족한 미나레트 꼭대기가 있다. 하지만 아지지예 자미의 세레페는 지붕이 씌워진 모습으로 제일 꼭대기에 위치해 있었다. 그 모습이 마치 19세기 유럽의 거리에 설치된 화려한 가스등처럼 보였다. 분만 아니라 예배당 현관

위는 황금으로 화려하게 장식되어 있었고 문보다 더 큰 아치형 창문은 기존의 전통적 모스크에 비해 상당히 서구화된 느낌이 들었다. 아지지예 자미는 1676년에 셰이크 아흐메드$^{Sheikh\ Ahmed}$에 의해 지어졌는데 인근에서 발생한 화재로 전소된 후, 1867년에 술탄 압뒬아지즈$^{Sultan\ Abdülaziz}$의 어머니인 페르테브니얄 발리데 술탄$^{Pertevniyal\ Valide\ Sultan}$의 이름으로 재건축되어 오늘에 이르고 있었다. 재건축 당시 모스크는 오스만 양식의 전통적 모스크와는 달리, 당시 19세기 서구의 영향을 받아 유럽의 바로크 양식과 결합되었기 때문에 오늘날 독특한 양식의 건축물이 되었다.

기도시간이 되기 전에 둘러보려고 서둘러 모스크 안으로 들어갔다. 모스크 안은 밝고 화려했다. 하지만 모스크의 예배당 분위기와는 달리 마치 유럽의 성당에 들어온 것 같았다. 그 차이가 무엇일까 찬찬히 둘러보니 기존의 모스크보다 넓게 개방된 큰 창문에서 들어오는 빛의 느낌이 달랐다. 정사각형 구조의 중앙에는 커다란 돔이 덮여 있었고, 거대한 창문이 예배당 곳곳을 밝히고 있었다.

모스크를 돌아본 후 우리는 메블라나 박물관 옆에 있는 관광안내소를 찾아갔다. 안내소 직원은 나이가 지긋하고 학자같은 분위기를 풍겼다. 메블라비의 세마에 관련된 정보를 알고 싶어 찾아갔지만 정작 중요한 이유는 메블라나 박물관을 나오며 메블라나 루미에 대해 자세히 모르고 있었다는 당혹감이 계속 남아있었기 때문이다. 우리의 얘기를 듣자 콘야에 대해 여러 자료를 챙겨 주면서 자세히 안내해 주었다. 그리고 루미에 대해 좀더 알고 싶으면 파노라마 콘야 박물관에 가보라고 권했다. 박물관은 13세기 셀주크 시대의 콘야를 보여주는 곳이지만 주인공은 메블라나 루미이기에 자세히 알 수 있을 거라고 했다. 그러더니 안내소에서 나와 친절하게 파노라마 박물관의 방향까지 알려주며 배웅해주었다. 콘야와 메블라나 루미에 대한 지식과 열의를 가진 이런 분이야말로 한 도시의 역사를 잘 안내하는 전문인이라는 생각이 들었다.

파노라마 콘야 박물관

박물관을 찾아가는 넓은 대로에서 콘야의 추위를 제대로 느끼며 걸었다. 가는 동안 독립전쟁 기념관과 여러 기관들이 드문드문 보였다. 이 길을 계속 따라가면 메블라나 문화센터도 나온다. 며칠 후 세마 의식을 구경하기 위해 문화센터에 올 예정인데 길을 알아두어서 다행이었다. 어느새 파노라마 콘야 박물관에 도착했다.

파노라마 콘야 박물관Panorama Konya Müzesi은 360도 돔형의 파노라마 박물관이다. 그렇다면 앞서 보았던 이스탄불의 파노라마 1453에 이어 두 번째 파노라마 박물관을 만나는 셈이 된다. 2017년에 문을 연 이 박물관은 13세기 셀주크 시대의 콘야와 메블라나 루미의 삶을 보여주는 유일한 박물관이다.

뾰족한 아치형 정문을 통해 안으로 들어가자 매표소의 직원은 그동안 손님이 뜸했는지 매우 반갑게 맞아주었다. 지금은 한겨울 비수기여서 그나마 메블라나 박물관에서 북적이던 관광객들조차 보이지 않았다. 안으로 들어가니 건물의 구조가 독특했다. 박물관은 하늘로 높이 솟은 건물이 아니라 수평으로 넓게 퍼진 형태였다. 단층으로 된 건물은 전면

유리로, 커다란 중정에 서 있는 미니어처들을 훤히 볼 수 있었다. 지하로 내려가니 넓은 홀에 메블라나 루미를 그린 유화 그림들이 전시되어 있었다. 그 중앙에 파노라마관으로 들어가는 입구가 보였다.

360도 원형의 파노라마관은 13세기의 도시 콘야를 재현해 놓았다. 회화와 디지털 사진, 그리고 실물크기의 인형 등 다양한 방식으로 거리의 풍경이 실감나게 표현되어 있었다. 알라엣딘 언덕의 성과 궁전, 모스크도 보였고 그 앞으로는 깃발을 든 무리들도 있었다. 설명을 보니 술탄의 즉위 환영식이라고 했다. 한쪽에는 차양을 드리운 시장과 수공예품을 만드는 공방들이 있고 한 메블라나 데르비시가 세마 춤을 추고 있었다. 거리에는 다양한 인종과 종교인들의 모습도 보였다. 이스탄불의 파노라마 1453이 콘스탄티노플 함락이라는 특정한 날을 묘사했다면, 파노라마 콘야 박물관은 13세기 콘야의 거리 풍경과 생활모습이 재현되어 있었다.

파노라마관을 나와 메블라나 루미의 그림이 전시된 홀로 갔다. 그의 일대기가 아홉 개의 회화로 전시되어 있었다. 메블라나의 어린시절부터 죽음에 이르기까지 삶의 결정적인 순간들이 모여 있었다. 한 인물을 이렇게 자세하고 정성스럽게 전시한 것은 어디에서도 본 적이 없었다. 훌륭한 전시관 덕분에 그동안 메블라나 루미의 삶에 대해 알지 못했던 부분을 어느정도 이해할 수 있었다.

메블라나 젤랄레딘 루미

메블라나 젤랄레딘 루미(1207~1273)는 지금의 아프가니스탄 발흐Balh에서 태어났다. 당시 페르시아 이슬람 신비주의인 수피즘Sufism의 중심지에서 루미의 아버지 바하우딘은 유명한 이슬람 신비주의 학자였다. 1220년 도시를 지배하던 호라즘 왕국이 몽골의 침략을 당하자 피난길에 오른 루미의 가족은 이란에서 아타르Attar라는 유명한 시인을 만났다. 당시 18세였던 루미는 그에게서 깊은 감동을 받아 시인의 길로 들어서게 된다. 이후 메카로 순례를 갔던 루미의 가족은 1228년 콘야로 이주했다. 당시 셀주크조의 술탄 케이쿠바트 1세가 학문적 명성이 높았던 루미의 아버지 바하우딘을 초청했기 때문이다. 그리고 1231년 루미의 아버지가 사망하자 루미는 뒤를 이어 신학교의 책임자가 되었다.

루미는 이슬람권 전역에서 몰려온 이슬람 신비주의 학자들과의 교류를 통해 탁월한 입지를 구축해 나가고 있었다. 1244년 어느 날 루미는 삶을 완전히 바꿔 놓을 운명적인 인물을 만난다. 바로 샴스 타브리지Shams Tabrizi였다. 루미는 신비주의 수도승이었던 샴스로부터 깊은 영향을 받았고 그들은 고도의 영적인 담론을 나누었다. 그들의 열정적 교류는 4년 지난 1248년에 샴스가 사라지면서 갑자기 끊어지고 말았다. 그 배경엔 루미에 대한 샴스의 영향력을 시기한 이들이 그를 비밀리에 암살한 것으로 추정하고 있다. 이러한 사실을 모른 채 샴스 타브리지를 찾으러 다마스쿠스까지 갔던 메블라나 루미는 이별의 슬픔과 그리움을 수많은 시로 승화시켰다. 그는 엄청난 양의 시작품을 남겼는데, 서정시 《디반 카비르Divan Kabir》는 4만 행에 이르고, 종교적이고 영적인 시집인 《마스나비

《Masnavi》는 6권 분량으로 2만 6천 구절이나 된다. 특히 이 시집은 오늘날 이슬람 지역은 물론 전 세계에서 《쿠란》 다음으로 많이 읽히는 책이 되었다. 시뿐만 아니라 루미는 종교적 체험을 음악과 춤을 통해 발전시켰는데, 바로 빙글빙글 회전하며 추는 춤이었다. 이 춤은 제자들에 의해 체계화되어 세마sema로 전승되었다. 1273년 12월 17일 메블라나 루미는 67세 나이로 세상을 떠나 아버지의 무덤 옆에 묻혔다.

메블라나의 생애 중 결정적인 장면을 그린 그림들은 그의 삶을 이해하기에 충분했다. 그 중 '메블라나의 마지막 날'이라는 제목의 그림을 보면 루미는 "내가 죽은 후에 슬퍼하지 말라"라는 유언을 남겼다. 그토록 원했던 신을 만나러 가기 때문이었다. 그래서 그는 '내가 죽는 날은 나의 결혼식 날'이라며 오히려 그날이 설렐 정도라고 말해왔다. 오늘날 루미가 세상을 떠난 12월 17일은 '결혼식의 날'이라는 뜻의 세비 아루즈Şeb-i Arûs로 부르며 성대하게 치러지고 있다. 전시실의 한쪽에는 실물 크기의 인형들로 루미의 결정적 순간들을 연출해 놓고 있었다. 스승 티르미디히Tirmidhi에게 가르침을 받는 장면, 샴스와 대화 나누는 장면, 제자인 후사멧딘 첼레비에게 《마스나비》에 기록될 시를 읊는 장면 등이 있었다.

파노라마관 위로 올라와 1층의 중정을 보러 나왔다. 중정에는 튀르키예 전지역에 있는 메블레비 교단의 수도원인 메블레비하네Mevlevihane가 미니어처로 전시되고 있었다. 메블레비하네 아래에는 각 도시의 이름이 붙어 있었는데, 지금까지 여행했던 이스탄불-이즈미르-안탈리아-콘야에 모두 메블레비하네가 있었다는 걸 이제야 알게 되었다. 그리고 앞으로 방문할 앙카라에도 있었다. 메블레비하네는 전 세계에 170여 개가 있고, 튀르키예에만 해도 35개가 있다고 한다. 물론 그 중심은 콘야에 있는 메블레비하네이다.

파노라마 콘야 박물관을 나오면서 많은 사람들이 이곳을 방문했으면 좋겠다고 생각했다. 관광을 위해 세운 박물관들을 보면 알맹이 없는 전시가 많다. 하지만 파노라마 콘야 박물관은 달랐다. 무엇보다 콘야 지자체Konya Büyükşehir Belediyesi에서 자신들의 역사와 문화, 종교적 가치를 알리려고 심혈을 기울였다는 것을 느낄 수 있었다. 이제 메블라나 루미와 관련되어 남은 것은 메블라비들의 세마 의식 뿐이다. 하지만 관람하려면 며칠을 기다려야 한다. 콘야에서의 공식적인 세마 공연은 메블라나 문화센터에서 매주 토요일과 일요일에만 열리기 때문이다.[91]

---

91 메블라나 문화센터에서 일요일에 열리는 공연은 무료로 관람할 수 있다. 특히 여름철에는 목요일마다 메블라나 박물관 정원에서도 공연이 열린다.

KONYA-3
튀르키예 셀주크조의 수도
- 알라엣딘 케이쿠바트 자미 -

베데스텐 바자르

오늘도 찻집에 들렀다. 쉴새없이 홍차를 끓여서 날라다 주는 청년은 이제 우리를 알아보고 인사를 건넨다. 추위를 녹여주는 붉은 홍차 한 잔을 마시고 일어났다.

아지지예 자미를 지나면 골목들마다 가게들이 줄지어 있다. 콘야의 유명한 베데스텐 바자르$^{Bedesten\ Çarşısı}$이다. 1538년 쉴레이만 대제 때 고전 양식에 따라 지붕 덮인 시장으로 만들었다. 오늘날에도 콘야 지자체의 복원 덕분에 40개의 거리에 2,600여 개의 상점이 문을 열고 있는 거대한 시장이다. 주로 의류와 포목, 보석과 액세서리를 파는 가게가 많았다. 쇼핑을 즐기는 손님들이 꽤 있었는데 현지인들이 특별히 예식을 준비하기 위해 오는 것 같았다. 시장의 분위기나 물건들이 우리의 옛 시절을 떠올리게 했다. 그래도 지금은 비수기인 겨울철이어서 시장 안은 한가해 보였고 가끔 문을 닫은 상점들도 보였다.

시장 끝에 사람들이 모여 있어 가보니 빵집이 있었다. 화덕에서 빵을 굽고 있었는데 콘야의 대표적인 에틀리에크맥Etliekmek이라는 피자 빵이었다. 한동안 지켜보다가 방금 구워 나오는 빵을 하나 샀다. 코끝이 시린 추운 날씨에 뜨거운 김이 나는 빵을 그 자리에서 베어 먹었다. 역시 밀의 본고장인 콘야에서 먹는 빵은 고소하고 맛있었다.

성 바울로 교회

알라엣딘 언덕 공원의 남쪽에 콘야의 유일한 교회가 있다고 해서 찾아 가는 중이다. 교회의 이름은 성 바울로 교회Aziz Pavlus Kilisesi인데 교회에 바울로의 이름이 붙은 이유는 그가 아나톨리아의 첫 선교 여행 때 콘야를 방문했기 때문이다. 그동안 아나톨리아의 주요 도시를 거치면서 바울로의 전도여행지를 보았는데 콘야도 예외가 아니었다.[92] 교회는 로마 가톨릭성당으로 1910년에 고딕양식으로 세워졌다. 하지만 10년도 지나지 않아 튀르키예 독립전쟁과 인구교환으로 기독교 공동체가 쇠락했고, 콘야 대부분의 교회들이 철거되거나 이슬람교 사원으로 개조되었다. 그 와중에도 교회는 살아남았고 도시에서 유일하게 남은 교회가 되었다.

---

92 사도 바울로와 바라바는 기원후 47년, 1차 전도여행을 하면서 콘야를 방문했다. 당시에는 '이콘니온(이고니온)'이라고 불렸다.

정작 찾아간 교회는 문이 잠겨 있었다. 안내문에는 교회를 담당하는 수녀님이 출타해서 자리를 비운다고 쓰여 있었다. 솔직히 다른 도시보다 이슬람의 전통이 강하게 남아 있는 이 도시에서 기독교 교회를 보고 싶었다. 메블라나의 관용 정신이 남아있지 않을까 싶어서였다.[93] 교회 외관을 카메라에 담으며 루미의 관용에 대한 시구를 떠올려 보았다.

> "오라, 오라, 네가 누구든지 간에 오라.
> 이교도이건, 불을 숭배하는 자이건,
> 우상을 숭배한 자이건, 오라.
> 우리의 집은 절망이 집이 아니다.
> 백번 너의 맹세를 어겼어도, 오라."

알라엣딘 케이쿠바트 자미

알라엣딘 언덕 Alaeddin tepesi에 있는 공원으로 향했다. 알라엣딘 언덕은 높이가 20미터로 그다지 높지 않은 편이지만 콘야가 넓은 평지에 세워진 도시여서 그런지 시내를 어느 정도 관망할 수 있었다. 지도를 보면 콘야는 남북으로 길쭉한 모양을 하고 있는데, 그 가운데에 바로 이 알라엣딘 언덕이 있다.

콘야의 역사에서 보면 가장 오래된 청동기 시대의 거주 흔적이 남아 있는 곳이며, 고대 프리기아 시대에 이르러서는 성벽으로 둘러싸였다.

---

[93] 메블라나는 다른 종교에 대해 열린 마음으로 다가가 그들과 교류했다. 그래서 그가 죽었을 때, 이슬람교들과 유대교도들, 기독교도들이 그의 시신을 무덤에 서로 안치하려고 싸움을 벌일 정도였으며, 다섯 종교의 종교인들이 모두 그의 관을 따랐다고 한다.

비잔티움 시대에는 공식적으로 군사 건물이 들어섰고 높은 벽으로 언덕을 둘러쌌다. 셀주크조 시대에 들어와서는 수도로서의 위용을 갖추려고 성벽을 더욱 보강했다. 특히 술탄 알라엣딘 케이쿠바트 1세 때에는 도시의 방어를 위해 7km에 달하는 외성을 쌓았다. 물론 그때의 흔적은 찾아보기 힘들다.

언덕을 오르니 장미 정원이 나왔다. 봄에는 이 언덕이 장미꽃으로 화사해질 것이다. 정상에 올라와서 보니 평야지대에 형성된 도시 모습이 보였는데, 멀리 서쪽으로는 하얗게 눈이 덮인 큰 산들이 도시를 감싸고 있었다. 언덕 위에는 거대한 모스크가 자리하고 있었다. 외부를 보니 셀주크 시대의 모스크인 것 같아서 안으로 들어가 보았다.

알라엣딘 케이쿠바트 자미 Alaeddin Keykubad Camii는 콘야에서 오랜 역사를 지닌 사원이자 셀주크조 시대의 유명한 왕가 사원이다. 오늘날에는 콘야에서 그랜드 모스크의 역할을 하고 있다. 모스크는 오랜 시간이 걸려 알라엣딘 케이쿠바트 1세 때에 와서야 완성되어 그의 이름으로 불렸다. 그런데 알라엣딘 케이쿠바트 1세는 왠지 낯이 익은 이름이었다. 기억을 더듬어 보니 안탈리아의 '이블리미나레 자미'를 지었던 술탄이다.

알라엣딘 케이쿠바트 1세는 국가 위기를 극복하고 셀주크조의 부흥을 일궈낸 성군이다. 특히 몽골의 침략에 대비해 성채와 요새를 견고히 하고, 새로운 전략 기지를 건설하는 등 침략에 적극적으로 대처했다. 하지만 몽골의 침입을 막기도 전에 안타깝게도 독살당해 숨지고 만다. 그후 셀주크조의 운명은 기력이 다한 듯 몽골의 침략에 무기력하게 무너지고 말았다.

알라엣딘 케이쿠바트는 군사적 역량도 뒤어났지만 수많은 건축물을 지어 셀주크 건축의 전성기도 이루었다. 궁전들과 모스크, 성곽과 요새들을 건설하였는데 그중 남아있는 몇몇 건축물들은 오늘날 셀주크 건축의 면모를 엿볼 수 있다. 안탈리아에서 보았던 이블리미나레 자미와 알라엣딘 케이쿠바트 자미도 이에 해당된다.

술탄 케이쿠바트는 학문과 예술에도 조예가 깊어 많은 학자들과 예술가들을 초청했고 문화적 부흥기를 이뤄냈다. 앞에서도 언급했지만 그는 메블라나 루미의 아버지 바하우딘을 이곳으로 초대한 술탄이었다. 이렇게 격동의 시대에 셀주크조의 찬란한 역사를 만들어낸 알라엣딘 케이쿠바트 1세는 역사에 길이 남을 것이다.

모스크 안에는 옛 기둥과 새로 개축된 건축물이 어우러져 있었다. 셀주크 시대에 지어진 모스크이기 때문에 거대한 중앙 돔 구조가 아니어서 천장이 낮고 답답한 느낌이 들었다. 그런데도 내부가 넓었고 수많은 기둥들이 서 있었다. 40여 개에 이르는 대리석 기둥들은 모두 로마와 비잔티움 시대의 것들이었다. 이 모스크에는 타일로 장식된 미흐랍과 흑단으로 조각된 민바르가 유명했는데, 설교대 민바르는 볼 수 있었지만 미흐랍은 복원 중이었는지 현수막으로 가려져 있었다. 그런데 현수막에 있는 사진만 봐도 화려하게 장식된 미흐랍인 걸 알 수 있었다. 모스크 안뜰은 여전히 공사 중이었는데, 그곳에는 셀주크조 술탄 여덟 명의 무덤이 있다고 한다. 그 무덤들 중에는 알라엣딘 케이쿠바트 1세의 묘도 있다.

모스크를 나와 공원 앞 분수대에서 '메블라나 대로'를 내려다 보았다. 그리고 잠시 파노라마 박물관에 있던 콘야의 모습을 떠올리며 역사적 상상력을 더해 보았다. 당시 이 언덕에는 셀주크조의 궁전과 함께 모스크가 위용을 드러내고 서 있었을 것이다. 저기 보이는 메블라나 광장을 향해 이어진 길에는 시장과 공방, 모스크와 신학교 마드라사 등이 줄지어 들어서 있고, 아나톨리아 전역에서 몰려온 학자와 예술가, 종교 사제들이 서로 교류하며 재능을 뽐냈을 것이다. 다만 그 시기는 그리 길지 않았다. 셀주크조의 영광은 다른 시대로 넘어갔다. 하지만 튀르키예 셀주크조의 영광은 콘야에서 여전히 기억되고 있다. 그것도 메블라나 루미의 시대로서 말이다.

KONYA-4
모스크와 에잔의 도시
- 콘야 모스크 순례 -

카푸 자미

베데스텐 바자르 안으로 다시 들어갔다. 시장 안에 있는 유명한 카푸 자미를 보기 위해서였다. 지난번에 들렀을 때 본당 안의 카펫을 교체하는 공사를 하고 있어서 다시 온 것이다.

튀르키예어로 '문^{kapı}'이라는 뜻의 카푸 자미$^{Kapu/Kapı\ Camii}$는 옛 콘야 성의 입구 옆에 있어서 붙은 이름이다. 셀주크조 시대 이후로 콘야의 성문 주변은 예술과 무역의 중심지였다. 특히 도시 외부인과 주민들이 모일 수 있는 대규모 시장이 만들어졌다. 1658년 메블라나의 후손 중 휘세인 첼레비$^{Hüseyin\ Çelebi}$가 처음으로 시장 한가운데에 모스크를 지었다. 그후 모스크는 1811년에 다시 한 번 재건되었다. 그렇지만 1867년에 발생한 대형

화재는 이 모스크뿐만 아니라 주변의 상점들까지 쑥대밭으로 만들었다. 1867년 9월 28일 토요일 오전에 일어난 화재의 발화점은 카푸 자미 옆의 이발소 주변이었다. 약 4시간 동안 이어진 화재는 대부분 나무로 지어진 콘야 시장의 상점 872개를 전소시켰다. 이후 1869년에 카푸 자미는 복원되었으나 이후로도 세 번이나 개축되었다. 재건된 시장의 상점들과 모스크는 화재에 대한 걱정 때문에 대부분 석재로 건축되었다.

아침부터 비가 내렸다. 콘야에 온 후로 눈발이 간간히 날리기는 했지만 주로 비가 내렸다. 아까 홍차 가게에서 에잔 소리를 들어서 좀더 있다가 모스크 앞 작은 광장으로 나왔다. 마침 기도시간이 끝났는지 예배당 문으로 사람들이 우르르 나오고 있었다. 주로 나이드신 분들이 많았다.

모스크의 외관을 살펴보니 매우 독특한 구조였다. 우선 이전에 베데스텐 바자르 입구에서 본 아지지예 모스크와 같이 안뜰이 없었다. 입구는 북쪽의 정문 외에 동쪽과 서쪽에도 있었다. 동쪽 문 옆에는 한 개의 미나레트가 서 있고, 서쪽 입구 앞에는 작은 광장과 분수대 사르드반이 있어 모스크 분위기를 느낄 수 있었다. 예배당 북쪽에는 열 개의 기둥으로 만들어진 주랑현관이 있었는데, 놀랍게도 그 아래에는 상점들이 꽉 들어차 있었다. 사원 건물과 함께 상점이라니, 이 정도면 상점들의 모스크라 할만 했다. 오스만 시대에 지어진 가장 큰 사원 중 하나로 기록되었다고 하는데 그만큼 큰 규모라는 걸 알 수 있었다.

한참을 기다린 후에야 예배당 안으로 들어갈 수 있었다. 예배당의 청록색 카펫은 거의 다 깔려 있었지만, 예배당 뒤에는 아직 작업이 끝나지 않은 듯했다. 기도를 마치지 않은 분들도 있어 조용히 모스크를 둘러보았다. 천장 중앙에 큰 돔은 없었다. 대신에 여러 개의 작은 돔들이 연이어 붙어 있었다. 총 아홉 개의 작은 돔이 줄지어 있었고 매듭마다 기둥들이 아치들로 연결되어 있었다. 기둥은 총 16개였는데 놀랍게도 나무기둥이었다. 비록 큰 돔은 아니지만 작은 돔들을 어떻게 나무기둥이 받치고 서 있을지 궁금했다. 답은 돔의 재질에 있었다. 아홉 개의 돔은 벽돌이 아니라 나무를 엮어 벽토를 바른 재질로 되어 있었다. 그래서 무게를 줄인 만큼 창도 여유롭게 낼 수 있었던 것이다. 중앙에 큰 돔이 없는데도 넓은 공간을 확보할 수 있었고 넓은 창으로 빛을 받을 수 있었다.

 천장의 아홉 개 돔 중에서 앞쪽 여섯 개의 돔에는 각각 샹들리에가 달려 있었다. 미흐랍은 무늬가 있는 파란색 타일로 장식되었고, 기둥과 기둥이 연결된 아치에는 짙은 파란 띠가 둘러져 있었다. 기존의 돔 구조에서 느낄 수 있는 세련미와 화려함은 없었지만 정결함과 편안함을 느낄 수 있었다. 그건 아마도 주요 신도들이 상인이라는 특징 때문이 아닐까 하는 생각이 들었다. 새로 깔린 청록색 카펫 위를 밟아 보았다. 카펫이 이렇게 예배당의 분위기를 좌우하는지 이번에 알게 되었다. 지난번 카펫이 깔리기 전과 오늘 깔린 후의 예배당의 분위기가 완전히 달라보였기 때문이다. 예배당 뒤편에서 나머지 카펫을 깔기 위해 다시 작업이 시작되었다. 여전히 앞쪽에서는 키블라 벽을 향해 기도를 드리고 있는 분들도 있었다. 그들을 방해하지 않으려고 조용히 모스크의 모습을 사진에 담고 나왔다. 모스크를 나오던 그 수많은 신도들이 있는 한, 이 모스크는 걱정이 없을 것 같다는 생각을 했다.

이플리크치 자미

쉴 새 없이 들리는 에잔소리와 하늘로 솟아있는 곳곳의 미나레트는 콘야가 과연 모스크의 도시임을 알게 해 주었다. 카푸 자미를 보고 난 후 콘야의 모스크를 좀더 돌아보기로 했다. 메블라나 대로변에 있어 자주 본 이플리크치 자미를 찾아 나섰다. 이 모스크는 오랜 역사를 지닌 만큼이나 많은 이야기를 품고 있었다.

이플리크치 자미İplikçi Camii는 13세기 튀르키예 셀주크조에 세워진 첫 번째 모스크 중 하나이다. 역사가 아주 오래된 모스크지만 많은 보수공사를 거쳐서 지금은 초기의 모습과 많이 달라졌다. 처음에는 설립자의 이름인 '에뷜파즐Ebülfazl'이라고 불렸다가 근처 원단시장인 이플리크칠레르 바자르İplikçiler Bazaar의 영향으로 '이플리크치 자미'로 불리게 되었다.[94]

이플리크치는 원래 복합 건물로 지어졌다. 단지 안에 모스크가 있었고 그 옆에 마드라사가 있었다. 알툰 아바 메드레세Altun-Aba medrese는 당시 콘야에 건립된 최초의 마드라사madrasah였다.[95] 비록 오늘날에는 존재하지 않지만 원래 모스크 벽과 인접해 있었다고 한다. 그런데 이 마드라사가 유명한 건 메블라나, 그리고 그의 아버지와의 인연 때문이었다.

술탄 알라엣딘 케이쿠바트는 메블라나 아버지 바하우딘을 초대해 자신의 궁전으로 모시고 처소를 마련하려 했다. 하지만 바하우딘은 술탄의

---

94 이플리크치는 튀르키예어로 '실, 원사' 또는 '방적기'를 뜻한다.
95 마드라사(madrasah)는 이슬람의 규칙을 가르치는 학교를 의미하며, 특히 신학교를 이른다. 튀르키예어로는 메드레세(medrese)이다.

제안을 정중히 거절하며 왕궁 앞 한 마드라사에 머물겠다고 말했다. 그곳이 바로 알툰 아바 메드레세였다. 나중에 메블라나도 여기서 강의를 했고, 또 이플리크치 자미의 금요 기도에서 설교를 했다고 전해진다. 그동안 메블라나가 머물며 강의했던 곳이 어디일까 궁금했는데, 오늘 이플리크치 자미에 와서 의문이 풀렸다.

이플리크치 자미는 외관상 성벽을 두른 듯한 모습이었다. 지금은 포장도로 때문에 모스크의 자리가 더 낮아졌다. 몇 계단을 내려가 입구로 들어가니 모스크 안은 어두웠다. 더구나 예배당 안에는 기도하는 분들이 없어서 그런지 전등도 꺼져 있었다. 오직 미흐랍 위의 작은 창에서 들어오는 빛이 어두운 공간을 비추고 있었다. 천장이 매우 낮고 아치로 연결된 두꺼운 기둥들이 예배당을 세 부분으로 나누고 있었다. 가운데 천장은 입구에서 미흐랍까지 세 개의 작은 타원형 돔으로 이어져 있고, 미흐랍이 있는 키블라 벽은 반원형 아치로 덮여 있었다. 두꺼운 사각의 기둥들이 마치 벽처럼 느껴졌다. 그동안 밝고 온화한 모스크만 봐서 그런지 이렇게 어두운 분위기의 모스크가 낯설었다. 조금 있다 보니 싸늘하고 으스스한 느낌이 들었다. 하지만 과거의 모스크는 이런 분위기가 아니었을까 하는 생각이 들었다. 성소를 밝히는 것은 전등이 아니라 신을 향한 마음일 것이다. 현대 문물에 익숙해진 우리는 과거의 문명을 오늘의 시각으로만 판단하는 경향이 있다. 그때 갑자기 전등이 켜지며 내부가 환해졌다. 한 신도가 들어와 기도시간을 준비를 하는 듯했다. 우리는 인사를 드리고 밖으로 나왔다. 예배당에 신도들이 가득 차면 밝고 아늑해 보이리라.

오토가르 제키 알튼다으 자미

콘야의 모스크들은 13세기 셀주크조 시대부터 오스만 제국 시대까지 오랜 역사를 가지고 있지만, 최근에 지어진 현대적 모스크들도 종종 만나볼 수 있다. 그 중 단연 돋보이는 곳은 콘야 터미널 옆의 모스크로 2010년에 지어졌다. 콘야에 처음 도착한 날 터미널보다 거대한 모스크가 더 눈에 들어왔지만 그땐 들러볼 경황이 없었다. 이번에는 이 모스크만 오롯이 보기 위해 다시 터미널을 찾아갔다. 오토가르 제키 알튼다으 자미 Otogar Zeki Altındağ Camii는 콘야 버스터미널 바로 옆에 있어서 이름에도 '버스정류장 Otgar'이 붙었다. 거대한 모스크의 위용은 대단했는데 실제로 8,000명이 동시에 예배를 드릴 수 있는 규모로, 콘야에서 가장 큰 모스크라고 한다.

오스만 고전양식의 모스크를 올려다보니 매우 화려했다. 메인 돔을 중심으로 세미 돔과 작은 돔들이 은빛으로 빛나고 있었고 네 개의 높은 미나레트에도 각각 두 개의 세레페가 있었다. 오스만 시대나 셀주크 시대의 건축물과 달리 최근에 세워진 모스크의 내부는 어떨지 사뭇 궁금해졌다.

모스크의 내부로 들어가자 높고 거대한 돔 구조에 놀라 멈칫했다. 밖에서 본 거대한 중앙 돔과 세미 돔, 부속 돔들이 엄청난 높이와 넓은 공간을 연출하고 있었기 때문이다. 중앙 돔과 세미 돔 테두리에 연달아 붙은 작은 창들로 빛이 쏟아져 들어오고 있었다. 또 아치형 벽면에 붙은 스테인드글라스에서도 영롱한 빛을 무한대로 쏟아내고 있었다. 오늘은 날씨가 흐린데도 이 정도라면 맑은 날에는 어떨지 상상하는 것만으로도

경이로웠다. 중앙 돔을 지탱하는 거대한 기둥과 연결된 아치는 모두 붉은색과 흰색 띠로 배열되어 있었고 돔을 받치고 있는 펜덴티브에도 화려한 문양이 장식되어 있었다. 1층 벽면은 꽃무늬 타일로 덮여 있었고, 미흐랍과 설교대 민바르는 흰색 대리석으로 장식되어 있었다. 대리석과 꽃무늬 문양의 타일이 붉은색 카펫과 조화를 이루며 예배당을 화려하게 수놓고 있었다. 이 거대한 공간에 오직 한 사람만이 기도를 드리고 있었다. 미흐랍과 민바르 사이의 창 앞에서 기도를 드리는 노인의 모습은 한 폭의 종교화였다. 그 모습과 함께 정적이 감도는 고요한 공간 속에 오래도록 머물렀다.

밖으로 나오니 세정 시설이 보였는데 독립 건물 안에 따로 있고 보일러 시설도 마련되어 있었다. 이렇게 추운 날에 따뜻한 물이 나오면 좋을 것 같았다. 그렇게 시대가 바뀌고 있다. 그럼에도 이 모스크는 전통을 훌륭히 따르면서 미적인 요소를 충분히 갖추고 있었다. 비록 지나치게 화려한 면이 없진 않았지만, 분명 튀르키예에서 본 수준 높은 모스크 중 하나였다.

KONYA-5
신과의 합일을 향한 몸짓, 세마
- 메블라나 문화센터 -

메블라나 문화센터

　드디어 메블라나 문화센터^{Mevlâna Kültür Merkezi}에서 세마 공연이 열리는 날이다. 저녁을 일찍 먹고 공연시간보다 이르게 숙소를 나섰다. 겨울이라 벌써 거리는 어두워져 가로등이 켜져 있었다. 가는 도중에 있는 독립전쟁 기념관 앞에는 형형색색의 조명이 켜져 있었다. 문득 뒤를 돌아보니 메블라나 박물관의 쿱베이 하드라에도 조명이 빛나고 있었다. 청록색 돔이 조명을 받아 더욱 신비롭게 보였다. 메블라나 문화센터에 도착했다. 공연장은 체육관처럼 가운데 둥근 무대를 중심으로 좌석이 배치되어 있었다. 입구 쪽 아래의 본부석에는 연주단의 자리였다. 자유석이라 어디에서 관람할까 고심하다가 연주단 맞은편 중앙에 가서 앉았다. 무대를 바라보자 기대와 설렘이 더 커졌다.

오늘날 회전 춤으로 알려진 세마^{Sema}는 공연이라기보다는 종교의식이다. 따라서 보여주기 위한 춤이 아니라 춤을 추는 사람의 구도 행위이다. 회전하는 춤은 메블라나 루미가 창안한 영성 수련법의 하나이다. 음악과 춤을 통해 인간이 영혼의 순수한 존재와 맞닿을 수 있고, 그 황홀경 속에서 알라와 하나가 된다고 믿었기 때문이다. 그리고 이후 메블레비 교단에 의해 정립되어 세마로 양식화되었다.

세마 의식을 할 때 수도승이 입는 옷을 살펴보면, 먼저 수도승은 갈색 원통형 모자와 검은 망토를 걸치고 등장한다. 그리고 춤이 시작되기 전에 검은 망토를 벗는데, 그 안에는 하얀색의 둥근 치마를 입고 있다. 이때 입은 옷은 모두 죽음을 상징한다. 웃옷으로 걸친 검은 망토는 '후루카^{Huruka}'라고 부르고 '무덤'을 상징한다. 머리에 쓴 모자인 '시케^{Sikke}'는 '비석'을 상징하고, 마지막 검은 망토 안에 입은 흰옷은 '텐누레^{Tennure}'라 부르며 '수의'를 상징하고 있다. 이렇게 본다면 세마는 죽음으로 시작해 신과 만나고 새로운 영생을 얻는 성스러운 과정을 표현한 것이라고 할 수 있다. 그것은 인간이 가장 겸허해지는 죽음의 순간이야말로 신과의 합일을 느낄 수 있는 순간이기 때문이다.

이윽고 공연이 시작되었다. 불이 꺼지자 한쪽에서 세마 의식을 주도하는 지도자이자 스승인 셰이흐^{Şeyh}와 춤을 추는 세마젠^{Semazen}들이 입장했다. 셰이흐와 세마젠 스물 한 명이 모두 검은 옷을 입고 공연장 한쪽에 일렬로 마련된 방석에 정좌했다. 셰이흐의 인사말과 의식행위가 있은 후 연주가 시작되었다. 한 사람이 쿠란을 암송했고 뒤이어 피리의 독주를 시작으로 본격적으로 합주가 시작되었다.[96] 그러자 세마젠들이 일제히 일어났다. 갈색 모자를 쓰고 검은 망토를 두른 세마젠 중 고참이 먼저 스승 셰이흐에게 가서 인사를 하고, 맞은편에 서자 나머지 세마젠들도 일렬로 스승에게 인사를 하며 그 사이를 통과했다. 처음엔 여덟 명이 원을 그리며 총 네 바퀴를 돌고 인사를 했다. 그후 자리에 돌아가서 나머지 세마젠들과 함께 검은 망토 후르카를 벗었다. 이제 흰옷 텐누레를 입은 세마젠들이 팔을 가슴에서 교차한 채로 셰이크 앞에 가서 고개를 숙이고 그의 축복을 받았다. 축복을 받은 세마젠은 모았던 팔을 서서히 풀며 빙글빙글 돌아 춤을 추기 시작했다. 이때 두 팔을 벌려 오른손은 하늘로, 왼손은 땅을 향했다. 자세히 보면 세마젠의 고개가 오른쪽으로 약간 기울어져 돌고 있다. 전체적으로는 세마젠들이 함께 큰 원을 그리며 반시계 방향으로 돌며 무리 짓는 걸 알 수 있는데, 이 모습들은 각각 지구의 자전과 공전, 하늘의 별자리를 상징한다고 한다.

세마젠들은 한동안 음악에 맞춰 돌다가 잠시 멈춰 모였고, 스승에게 다가가 인사를 하고 나서 다시 돌기 시작했다. 음악소리에 맞춰 빙글빙글 도는 흐트러짐 없는 동작이 계속되면서 어느 순간 세마젠의 얼굴에 평온한 무아의 경지가 나타나는데, 그 순간 신과의 일체감을 이루는 영적 황홀경을 경험한다고 한다. 지금 우리 눈앞에서 회전 춤을 추는 세마젠들 역시 신과의 교감을 위해 분투하고 있었다.

---

96 세마 의식에서 빼놓을 수 없는 것이 음악이다. 노래를 부르는 여러 명의 가수, 피리 네이(ney), 무릎 위에 얹어 놓고 연주하는 카눈(qanun), 활로 연주하는 현악기 레밥(rebab), 목이 긴 현악기 탄부르(tanbur) 등이 연주단을 이루고 있다. 전체적으로 음악을 주도하는 것은 피리인 네이다.

스무 명이 도는 세마 행위의 막바지에 이르자, 셰이흐와 최고 고참자도 자신의 검은 옷을 벗을 듯 잡고 서서히 돌기 시작했다. 하지만 끝내 후르카를 벗지도, 다른 세마젠들처럼 본격적으로 세마 의식도 하지는 않았다. 그러다 어느 순간 음악이 멈췄다. 세마젠들은 자신들의 자리에 가서 앉았고, 또다시 암송자의 읊조리는 소리가 들렸다. 루미의 시를 읊은 뒤 다시 쿠란을 암송했다. 그리고 셰이흐가 연주단 앞에 나아가 관객들에게 인사를 했다. 마지막으로 스승 셰이흐의 퇴장을 기점으로 나머지 스물 한 명의 세마젠들과 연주자들이 모두 퇴장하며 오늘의 공연을 마쳤다. 셰이흐의 마지막 인사말은 "앗-샬라말리쿰 - 인샬라 $^{\text{As-salamu alaykum - INSHALLAH}}$"였다. 당신에게 평화가 깃들기를, 신의 뜻대로!

공연장이 밝아지고 빈 무대만 남았지만 우리는 한동안 자리에서 일어나지 못했다. 함께 관람했던 관객들이 모두 빠져나갔는데도 우리는 세마 춤을 보고 난 감동을 추스릴 시간이 필요했다. 물론 지금 본 세마 춤은 관객을 위한 패턴화된 의식적 행위이었기에 전적으로 종교적 의식일 리는 없었다. 하지만 그런 의식적 행위임에도 불구하고 회전 춤을 추며 뭔가에 이끌리기를 소망하는 세마젠들의 안타까워하는 모습이 머릿속에서 떠나지 않았다. 숙소로 돌아오는 길에도 아까 본 세마 공연이 자꾸만 생각났다. 잠시 걸음을 멈추고 주위를 살피자 눈앞에 메블라나 박물관의 쿱베이 하드라가 밝게 빛나고 있었다. 우리는 그 초록색 돔에 경의를 표했다.

"앗-샬라말리쿰."

독립전쟁 순교자 기념관

어젯밤 메블라나 문화센터에 가며 보았던 독립전쟁 순교자 기념관 İstiklal Harbi Şehitlik을 다시 찾아갔다. 메블라나 박물관 건너편에는 넓게 위치한 위츨레르Üçler 공동묘지가 있는데 그 한편에 기념관이 조성되어 있었다. 그 앞에 인상적인 기념비도 있어 사진에 담았다. 특히 양쪽으로 16개씩 깃대가 있었는데, 한쪽 편에는 훈Hun족의 대훈제국부터 오스만 제국에 이르는 튀르크족의 국기들이 있고, 반대편에는 튀르키예 국기가 놓여 있었다. 여기서 튀르키예가 자신들의 역사를 어디까지 거슬러 포함하려고 하는지 눈치 챌 수 있었다. 그들은 유라시아 대륙을 휩쓸던 모든 유목민족의 장구한 역사를 자신들의 역사 속으로 품고 싶은 것이다.

기념관의 정문은 화려한 셀주크 조각예술의 정수인 '셀주크 무카르나스Seljuk Muqarnas'로 장식되어[97] 기념관의 품격을 한껏 높여 주고 있었다. 기념관 안에는 규모가 큰 타일 그림 몇 점이 있었는데, 국부인 아타튀르크와 전우들의 모습을 비롯해 튀르키예 국기의 기원이 된 핏빛에 비친 초승달 그림도 있었다. 중정이 있는 좌우 복도 벽에는 1차 세계대전의 결정적인 전투였던 차낙칼레의 희생자들과 튀르키예 독립전쟁, 그리고 한국전쟁에서 희생된 군인들의 명부가 새겨져 있었다. 중정에서 안으로 더 들어가니 콘야 순교자 박물관Konya Şehitlik Müzesi이 있었다.

나라를 위해 소중한 목숨을 바친 이들에 대한 기념은 정중하고도 격조가 있어야 한다. 그것이야말로 그들의 죽음이 헛되지 않음을 보여주는

---

97 무카르나스는 이슬람 건축에서 둥근 천장을 장식하는 기법에서 발전한 것으로, 돔과 포털 등을 장식하는데 이용된다. 흔히 '벌집 아치'나 '종유석 장식'으로 알려졌다.

것이기 때문이다. 또한 그렇게 하는 것이 지금의 나라가 존재하는 이유이기도 하다. 이 기념관에서는 정중한 추모의식을 느낄 수 있었다.

카드나르 파자르

메블라나 광장의 동쪽에 베데스텐 바자르가 있지만 남쪽에도 일반 재래시장이 들어서 있다. 시장에는 가게와 노점상들이 많았는데, 겨울인데도 불구하고 활발하게 장사를 하고 있었다. 농산물 시장 중에서 '카드나르 파자르Kadınlar Pazarı'가 유명하다고 해서 찾아가는 길이었다. 그런데 만나는 사람들마다 수없이 물어보았지만 찾을 수가 없었다. 문득 한 아저씨가 두 손 가득 과일과 채소를 들고 지나가는 게 보였다. 실례를 무릅쓰고 어디서 샀냐고 물으니 아저씨가 웃으며 손짓으로 장소를 알려주셨다. 우리가 찾아다니던 길에서 아주 가까이에 있었는데 건물과 건물 사이에 입구가 있어 보지 못했던 것이다.

콘야에서 오랜 역사를 지닌 '아주머니 시장'은 특이하게도 아주머니들이 직접 재배하고 만든 지역의 식품을 가져와 팔았고 매일 정오까지만 열렸다고 한다. 최근에는 메블라나 루미의 딸의 이름을 새로 붙여서 '멜리케 하툰 차르시스Melike Hatun Çarşısı'라고도 부른다. 건물 사이의 입구로 들어가니 시장에는 싱싱하고 저렴한 과일과 채소들이 오색물결을 이루고 있었다. 이 추운 겨울날에 이렇게 싱싱한 채소들을 볼 수 있다는 게 신기한데, 모두 근처에서 재배해 온다고 하니 더욱 놀라웠다. 특히 곰팡이 핀 치즈는 이 지역의 명물이라고 했다. 일찍 알았더라면 자주 들렸을 텐데 아쉬워하며 체리와 방울 토마토 한 봉지를 우리 돈 1000원에 샀다.

시장을 돌아보는데 장사하는 분들이 아주머니보다 아저씨가 더 많아 보였다. 여기서도 세월의 변화를 느낄 수 있었다. 그래도 싱싱하고 저렴한 농산물 시장은 여전히 흥성거리고 있었다.

저녁이 되어 메블라나 광장에 섰다. 광장 한 가운데 있는 술탄 셀림 자미와 메블라나 박물관의 조명이 일제히 켜졌다. 오늘이 콘야의 마지막 밤이었다. 그동안 셀주크조의 수도, 메블라나의 도시인 콘야를 탐방하느라 역사지구인 올드 타운을 쉴 새 없이 걸어 다녔다. 특히 이번에 콘야에서는 여러 모스크를 방문하는 기회를 얻었다. 아마도 첫날 새벽 에잔의 소리로 이 도시가 반겨주었기 때문이 아닐까 싶었다. 그때 에잔은 메아리쳐 울린다고 했다. 그건 수많은 모스크들이 동시에 기도시간의 에잔을 읊는데, 각 모스크마다 약간씩 차이가 생겨 메아리 울리는 듯 들리는 것이었다.

마지막으로 광장의 모습을 눈에 담은 후 숙소로 향했다. 그때 저녁 기도시간을 알리는 에잔 소리가 메아리치며 콘야의 하늘에 울렸다. 마치 우리를 환송해 주는 듯 했다. 우리도 그동안 즐거웠다고 이 도시에 마지막 인사를 보냈다.

ANATOLIA 4 - ANKARA

낯선 풍경과의 조우

Konya → Ankara

앙카라로 가는 날 새벽에 숙소를 나오니 밤새 눈이 와 있었다. 큰길에는 눈이 녹아 있었지만 주위에는 아직도 흰 눈이 쌓여 있는 게 보였다. 그동안 콘야에서 지내며 춥다고 생각했지만 이렇게 눈을 보는 것은 처음이었다.

알라엣딘 언덕 공원 근처에 있는 알라엣딘 트램 역까지 걸어갔다. 큰 배낭을 메고 꽤 긴 거리를 걸어가다 보니 그동안 우리가 세르비스 버스 덕분에 편하게 여행했구나 싶었다. 이제야 배낭여행자라는 걸 실감하며 힘차게 걸었다.

오토가르 역에서 내려 콘야 버스터미널에 들어서는데 마침 버스 한대가 승강장으로 들어오고 있었다. 우리가 타고 갈 메트로[Metro] 버스였다.

지난번 이스탄불에서 이즈미르로 갈 때도 이용했던 버스회사였다. 이윽고 버스가 출발하자 지난번에 보았던 오토가르 모스크 앞을 지나쳐 갔다. 그렇게 우리는 콘야와 작별을 했다.

 눈이 와서 걱정했는데 도로에는 눈이 녹아 있었다. 버스는 본격적으로 넓은 평야를 달리기 시작했다. 콘야에서 생산된 밀이 튀르키예 전체를 먹여 살린다는 말은 괜한 말이 아니었다. 콘야 평야는 튀르키예의 보물이었다. 콘야로 들어올 때는 토로스 산맥을 넘어와서 평야를 제대로 느낄 수 없었는데 이제야 드넓은 평야를 맘껏 볼 수 있게 되었다. 다만 지금은 겨울이라 눈 덮인 광야만 보이지만, 밀이 자라서 수확기가 될 때면 장관을 이루리라는 생각이 들었다. 황금물결 넘치는 콘야의 밀밭을 언젠가 꼭 한번 보고 싶다는 생각이 들었다.

 버스는 북동쪽으로만 곧게 이어진 도로를 한 시간 가까이 달렸다. 그리고 겨우 둔덕 하나 넘자 그때서야 주위에 크고 작은 언덕들이 나왔다. 북부 아나톨리아 산맥과 남부의 토로스 산맥이라는 대자연의 벽에 감싸인 광대한 중부 고원은 기죽지 않고 묵묵히 그 자태를 유지하고 있었다.

 콘야에서 앙카라까지는 버스로 4시간밖에 걸리지 않아 비교적 짧은 여행이다. 그래서 중간 기착지도 두 곳 뿐인데, 지한베일리Cihanbeyli와 쿨루Kulu는 콘야 주의 작은 시골 도시였다. 작은 터미널에서 승객을 태운 버스는 또다시 대자연의 평야로 들어섰다. 그런데 어느 순간부터 버스 차장과 한 노인이 계속 대화를 나누는 게 보였다. 노인은 시골 농부처럼 보였는데 긴장한 기색이 역력했다. 이윽고 버스가 속력을 낮추더니 한 길가에 멈춰 섰다. 그리고 정류장도 없는 곳에서 그 노인이 내렸다. 밖을 유심히 보니 노인은 버스를 향해 손을 들어 인사하고는 언덕 위를 올라갔다. 놀랍게도 그곳에 가옥이 몇 채가 보였다. 넓디넓은 콘야 평야 한가운데 작은 마을이라니, 갑자기 노인의 마을이 어떤 곳일지 궁금해졌다. 지금은 겨울이라 외진 곳으로 보이지만 황금들판이 출렁일 때면 밀을 돌보느라 바쁜 농부의 마을이리라.

버스로 달린 지 3시간이 지나자 자연은 물러나고 멀리 언덕 뒤로 높이 솟은 빌딩들이 보이기 시작했다. 무척 기괴한 풍경이어서 가상의 세계처럼 보였다. 직선으로 뻗은 도로는 빌딩들 사이로 연결되어 있었고, 달리는 차들은 모두 한 방향으로 달려가고 있었다. 문득 주제 사라마구의 소설 《동굴》의 한 장면이 떠올랐다. 늙은 도공 시프리아노 알고르와 그의 사위가 거대한 자본주의 도시 '센터'로 들어갈 때 묘사한 풍경과 아주 비슷했다.

앙카라 시내는 마치 신세계인 듯 현대식 콘크리트 건물들이 줄지어서 있었다. 새로 짓고 있는 화려한 건물들은 오늘날 튀르키예의 경제 발전을 집약적으로 보여주는 것 같았다. 튀르키예의 수도인 앙카라는 그만큼 첨단도시였다. 오늘 우리가 지나 온 평야나 시골 풍경과는 너무나 달랐다.

시외버스 터미널에 내려 배낭을 찾은 후에 알아보니 앙카라에서도 세르비스 버스가 운영되지 않았다. 터미널이 지하철과 연결되어 있어서 대중교통을 이용하기로 했다. 숙소와 지하철역이 제법 떨어져 있긴 하지만 근처까지 가보기로 했다. 네자티베이 Necatibey 역에 내려서 숙소까지 걸어서 가려고 길을 물어보았더니 사람들이 하나같이 자신의 스마트폰을 꺼냈다. 어제까지 콘야의 시골 노인들과 메블라나에 빠져있던 우리는 단순히 공간만 이동한 게 아니라 시간마저 미래로 이동한 듯 느껴졌다. 같은 나라에서도 시차에 적응할 시간이 필요한 것 같다.

튀르키예의 수도인 앙카라는 옛 도시의 중심지였던 '울루스^{Ulus}' 지역과 새롭게 구획되어 현대적인 모습을 갖춘 '예니셰히르^{Yenişehir}' 지역으로 나뉜다. 수도로서 모든 관공서와 외국 대사관들이 자리 잡은 예니셰히르 지역은 크즐라이 광장이 중심이며, 대로와 고층 건물과 쇼핑몰 등이 모여 있다. 현대적인 크즐라이 광장과 예전에 번화했던 울루스 지역은 의외로 가까이에 있다.

우리는 크즐라이 광장을 중심으로 가까이에 있는 울루스의 역사지구까지를 주요 탐방지로 삼았다. 앙카라에서는 다른 도시에 비해 여행 일정이 길지 않지만 중요한 아나톨리아 박물관과 아타튀르크의 영묘가 있어 부지런히 다닐 생각이다. 여기서도 두 발로 걸으며 도시의 역사적인 현장과 오늘날의 면모를 조금이나마 살펴볼 수 있기를 바랐다. 앞으로 앙카라에서 보고 듣게 될 이야기가 기대된다.

ANKARA-1

튀르키예의 수도
- 울루스와 멜리케 하툰 자미 -

옛 중심지 울루스

앙카라에 도착한 후 혹독한 추위를 제대로 경험하고 있다. 콘야의 추위는 비할 바가 못 되었다. 더구나 어제 자동차 중심의 거리를 한참이나 걸었더니 여간 힘든 게 아니었다. 앙카라뿐만 아니라 세계는 점점 더 도시화되고 자동차 중심으로 변해간다. 오늘은 숙소에서 제공하는 조식을 먹고 길을 나섰다. 그러고 보니 숙소의 이름에 '고르디온'이 붙어 있었다. 고대 프리기아의 수도였던 고르디온 Gordion 은 앙카라에서 70km~80km 정도 떨어져 있어 비교적 가까운 거리에 있다. 알렉산드로스 대왕이 풀기 힘든 매듭을 칼로 자른 일화로 유명한 바로 그 도시이다. 이 이름만으로도 중부 아나톨리아의 중심이라는 것이 새삼 느껴졌다.

먼저 앙카라의 올드타운 중심인 울루스Ulus를 찾아갈 예정이다. 현대 문명이 밀려오기 전 앙카라의 중심 지역이었던 곳으로 오늘날까지 역사적인 건축물들이 남아 있다. 그중 앙카라 성과 아나톨리아 문명 박물관, 울루스 광장 등이 우리의 여정이다. 일단 크즐라이 광장으로 나가 지하철을 타고 울루스 역에 내렸다. 옛 중심구역인 울루스는 새 중심지역인 크즐라이에서 불과 두 정거장밖에 떨어져 있지 않았다. 그러니까 오늘날 크즐라이 역에서 울루스 역까지의 주변 지대가 앙카라의 중심을 이루고 있다고 볼 수 있다.

겐츨리크Gençlik 공원이 보여 먼저 들러 보았다. '청소년 공원'이라는 뜻으로 1943년에 튀르키예 공화국 최초로 문을 연 도시공원 중 하나다. 오래된 나무와 다채로운 정원, 녹지가 있는 이 공원은 대규모 놀이공원과 호수가 있어서 앙카라 시민들이 많이 찾는다고 한다. 추운 겨울이지만 날씨가 화창해서 도심 속 공원은 걷기에 좋았다. 햇살 가득한 공원에서 파란 하늘을 감상하다가 공원 너머 미나레트가 네 개인 거대한 모스크를 발견했다. 멀리서 보아도 굉장히 인상적인 모스크였다. 공원 안의 관광안내소에서 앙카라 시티맵을 얻은 후 모스크로 향했다.

공원에서 모스크로 점점 다가갈수록 그 규모가 얼마나 대단한지 실감할 수 있었다. 모스크의 외관을 사진에 담고 들어가려는데 경찰이 다가와서 지금은 관람이 어려우니까 오후 두 시 이후에 오라고 했다. 마침 기도시간인 듯싶어 알겠다며 뒤로 물러났다. 그런데 왜 오후 두 시라고 했을까. 보통 하루에 다섯 번 드리는 기도는 시간이 별로 오래 걸리지 않기 때문이다. 뭔가 미심쩍어 하며 모스크 앞에 있는 공원 벤치에 잠시 앉아

쉬었다. 그런데 모스크로 향해 오는 무슬림들이 오늘따라 유독 많아 보였다. 무슨 행사라도 있는 건가 싶은 차에 그제서야 오늘이 금요일이라는 것을 깨달았다. 이슬람권역에서는 금요일이 휴일이다. 그리고 금요 예배시간에는 보통 정오 이후 '쿠트바Khutbah'라고 하는 인도자의 설교가 이어진 후 합동 예배로 치러진다.

멜리케 하툰 자미

다른 곳을 돌아본 후 금요 예배시간이 끝나는 오후가 되어 모스크에 들어가기 위해 다시 광장에 왔다. 우리를 기다리게 한 모스크는 멜리케 하툰 자미Melike Hatun Camii였다. 멜리케 하툰은 14세기의 부유한 여성이라는 점 외에 알려진 바가 없지만, 일부에선 튀르키예 셀주크조의 술탄 케이쿠바트 3세의 딸이었을 것으로 추정하고 있다.

이제 제대로 모스크를 살펴볼 차례였다. 모스크는 전체적으로 오스만 고전스타일이지만 최근에 지어진 새 건물 같았다. 알고 보니 2017년에 건립되어 문을 연 아주 최신 모스크였다. 네 개의 미나레트를 세우는 건 흔치 않은데다가 각 미나레트에도 세 개의 세라페가 보였다. 이스탄불의 술탄 아흐메트 자미나 쉴레이마니예 자미처럼 황실 모스크에서나 볼 수 있는 호화로움이었다. 모스크의 정문을 보니 주랑현관이 이중으로 되어 있어 그 거대함이 짐작되었다. 예배당 내부가 점점 더 궁금해졌다.

모스크 안은 기대만큼 거대했다. 천장의 중앙에는 거대한 돔과 주위에 여섯 개의 세미 돔, 그 아래에는 아치벽이 있었다. 미흐랍이 있는 곳에도 또 하나의 세미 돔을 두어 공간을 더 넓혔다. 즉 최상부 중앙 돔에서부터 아래까지 세 단계의 공간이 펼쳐져 있었다. 이렇게 열린 공간은 콘야에서 봤던 오토가르 제키 알튼다으 자미와 비슷했는데, 7,000명이 동시에 예배를 드릴 수 있다는 것 또한 비슷한 규모였다. 그럼에도 분위기는 상당히 달랐는데, 붉은 색 톤의 화려한 콘야의 모스크에 비해 청록색 카펫과 하얀색이 주조를 이룬 멜리케 하툰 자미는 묘하게 정적인 아름다움을 지니고 있었다. 금요 예배가 지난 시간이라 그런지 예배당이 매우 한적해서 우리는 잠시 앉아 정결하면서도 격조 있는 분위기를 마음껏 음미할 수 있었다.

ANKARA-2

아나톨리아의 문명을 보다
- 아나톨리아 문명 박물관 -

아나톨리아 문명 박물관

앙카라에서 가장 중요한 여정 중 하나인 아나톨리아 문명 박물관을 찾아가기 위해 지도를 펼쳤다. 그때 한 아저씨가 다가와서 서툰 영어로 우리가 찾는 박물관의 위치를 알려주었다. 나중에 알게 되었지만 여행자가 찾아가기 쉽도록 큰길을 가르쳐 준 것 같았는데 실제로는 좀 돌아가는 길이었다. 큰길을 따라가다가 박물관 방향의 작은 길로 접어들자 수많은 상점들이 들어서 있는 시장이 나왔다. 결혼 예복에서부터 집안의 커튼까지 매우 다양했다. 가는 도중에 여러 번 박물관 가는 길을 물어보았는데 모두 한 방향으로 손짓해 주었다. 아마도 여행자들이 자주 물어본 모양이다. 시장에서부터는 언덕길이라서 오르는데 숨이 찼다. 뒤를 돌아보니 멀리 앙카라 시내까지 보였다. 드디어 작은 골목길 끝에 있는 박물관에 도착했다. 박물관 너머 언덕 위에는 앙카라 성도 보였다.

입장료를 구입해 들어가니 먼저 안뜰이 나오고 그 뒤로 박물관 건물이 보였다. 그런데 외관을 보니 여느 박물관과는 다르게 튀르키예의 전통 건축물이었다. 이는 박물관의 건립과 관련이 있었다.

박물관의 기원은 1921년, 아타튀르크가 '히타이트 박물관'을 건립하자는 제안에서 시작되었다. 처음에는 앙카라 성의 아크칼레^{Akkale}에 박물관이 세워졌는데 점차 수집되는 유물들로 인해 더 큰 장소가 필요했다. 이때 앙카라 성 남쪽에 버려져 있던 베데스텐 시장과 여관을 박물관으로 복원해 이용하자는 의견이 나왔다.[98] 그리고 1938년부터 1968까지 긴 작업 끝에 드디어 아나톨리아 문명 박물관^{Anadolu Medeniyetleri Müzesi}이 문을 열었다.[99] 박물관에는 히타이트뿐만 아니라 선사시대부터 현재까지 아나톨리아 땅에 거주했던 여러 민족들의 유물이 연대순으로 전시되어 있다. 우리의 이번 여행이 아나톨리아 도시들의 문명을 탐방하는 것이므로 박물관의 유물을 통해 시대적으로 살펴보기에 좋을 것 같았다.

박물관에는 구석기 시대부터 고대 페르시아 문명까지 아나톨리아 지역에서 발견된 유물을 중심으로 전시되어 있었다. 그런 면에서 디지털 영상으로 복원해 설명해주는 코너는 매우 유익했다. 전시실에는 유독

---

98 두 건물에 대한 정보는 박물관 입구에 있는 안내판 기록에서 알 수 있다. 박물관을 구성하는 베데스텐 시장과 쿠르슌루 한(Kurşunlu Han)은 각각 메흐메트 2세 때 재상이었던 마흐무트 파샤와 메흐메트 파샤에 의해 지어졌다. 그중 지붕 덮인 시장인 베데스텐은 10개의 돔으로 덮인 건물로 102개의 상점이 들어서 있었는데, 이 건물이 지금의 주요 전시실이다. 숙소였던 쿠르슌루 한은 전형적인 오스만 시대의 여관 건물이었다. 이곳은 지금 박물관 사무실로 이용되고 있다. 두 건물 모두 1881년 화재 이후 박물관이 되기 전까지 버려져 있었다.
99 아나톨리아 문명 박물관은 1997년에 '올해의 유럽 박물관상'을 수상하였다.

눈길이 가는 유물들이 있었다. 먼저 차탈회위크^{Çatalhöyük} 유적에서 출토된 테라코타로 너무나도 유명한 여신상이 보였다. 아나톨리아의 수호 여신인 키벨레^{Kybele} 숭배의 원형으로, 이것이 에페수스에서 아르테미스 숭배로 이어진 것이다. 다음은 히타이트의 신을 상징하는 사슴조각상과 프리기아 왕국의 고르디온에서 출토된 청동 솥이 있었는데, 아름다운 장식과 정교한 솜씨에 놀라움을 금치 못했다. 여러 유물들을 보면서 느낀 건 예술적인 기술은 이미 기원전에 완성되었다는 것이다. 그래서 기술적 기준으로만 보면 인류는 발전했다기보다는 정체 수준이라고 해야 할 것이다. 아니 산업시대로 들어선 이후 손수 만드는 수공업적 기술은 오히려 퇴보했다고 할 수 있다.

박물관의 중앙에 넓은 전시실이 따로 있었는데 들어가자마자 탄성이 나왔다. 열 개의 돔이 서로 연결되어 있는 곳은 바로 예전에 지붕 덮인 시장 자리였다. 이 전시실에는 주로 히타이트 시대의 석조 작품들이 전시되고 있었다. 그중 넓은 석재 패널에 부조로 새겨진 후기 히타이트 시대의 '이륜전차를 탄 군인상'이 가장 인상적이었다. 물론 유럽의 여러 박물관에서도 보았지만 이곳의 석재 패널들이 훨씬 더 정교하고 다양했다.

어느덧 관람을 마치고 우리는 박물관 내에 있는 카페에서 홍차를 마시며 잠시 쉬었다. 아나톨리아에서 나온 유물들을 보며 긴 역사와 함께 살다간 인류에 대해 생각했다. 이런 유물들을 볼 때면 인류가 세대에서 세대로 길게 이어져 있다는 것이 신기하게 느껴졌다. 오랜 세월 인류는 때로는 대립하고 때로는 화합과 교역을 하면서도 서로 공생의 길을 도모

했기에 오늘에 이르렀을 것이다. 인류에게 그 현명한 지혜를 깨닫게 해주는 게 이 유물들이 전하는 메시지가 아닐까 싶었다.

박물관을 나서는데 안뜰 정원에 있는 그리스 로마 유물들에 눈길이 갔다. 이곳저곳 손상된 채 놓여 있었는데, 유독 인물조각상의 머리 부분이 제거되어 있었다. 이슬람에서는 우상숭배가 금지되었기 때문에 인물조각상을 만들지 않는다. 그것이 아라베스크 문양이 발달한 이유이기도 하다. 그래서 발굴된 유적들의 머리 부분을 제거했을 것이다. 가까운 아우구스투스 사원과 로마 목욕탕 유적지에서 나온 유물이라는데 복원은커녕 방치되어 있는 것이 몹시 안타까웠다.

앙카라 성과 울루스 광장

박물관을 나와 앙카라 성 Ankara Kalesi이 있는 언덕에 올랐다. 박물관 주위를 돌아 조금 올라가니 앙카라 성문이 나왔다. 이렇게 가까이 있다는 게 놀라웠다. 물론 성문에서 앙카라 성 꼭대기까지는 조금 더 올라야만 했는데 거의 다 오를 즈음에는 숨이 턱까지 찼다. 정상에 오르니 전망이 확 트이면서 사방으로 앙카라 시내가 내려다 보였다. 앙카라에는 높은 산으로 막힌 곳이 없어서 이렇게 앙카라 성에만 올라와도 도시 전체를 조망할 수 있었다. 앙카라 성은 고대 시대에 이미 성의 역할을 하고 있었겠지만, 지금까지 확인된 것은 로마와 비잔티움 시대에 건축되어 이후 셀주크와 오스만 시대에 계속해서 증축되었다는 것이다. 오늘날에 남아있는 성곽은 의외로 견고하게 서 있었다.

앙카라 성에서 내려와 좀전에 지나쳐온 시장으로 내려갔다. 미로 같은 시장 골목에는 정말 세상의 온갖 물건이 다 모여 있었다. 최신 스마트폰 케이스에서부터 옛날에 신던 고무신까지 있었다. 물건을 구경하며 내려오는 동안 혼재된 시간 속을 여행하는 듯했다.

숙소로 돌아오기 전에 울루스 광장^{Ulus Meydanı}에 들렀다. 너무나도 유명한 앙카라 전승기념비^{Ankara Zafer Anıtı}를 보기 위해서였다. 말을 탄 아타튀르크의 동상 아래에는 독립전쟁에 앞장 선 두 명의 군인과 함께 포탄을 나르는 여성의 동상이 있었다. 울루스 광장 근처에는 최초의 튀르키예 의회가 소집된 국회의사당이 있었는데 지금은 독립전쟁박물관^{Kurtuluş Savaşı Müzesi}으로 이용되고 있었다. 또 근처에는 공화국 박물관^{Cumhuriyet Müzesi}도 있어 튀르키예의 독립과 건국의 중심지였음을 말해주었다. 앙카라는 현대 튀르키예 공화국의 역사적, 상징적 공간이다.

ANKARA-3
튀르키예의 아타튀르크
- 아느트카비르 -

무스타파 케말 아타튀르크

오늘날 튀르키예가 존재하는 건 튀르키예의 독립과 튀르키예 공화국의 건립을 이끈 무스타파 케말 아타튀르크Mustafa Kemal Atatürk의 공이라고 할 수 있다. 이제 그를 만나야 할 때가 되었다. 튀르키예의 현대사는 아타튀르크를 모르고서는 이해할 수 없을 것이다. 그래서 그가 묻혀있는 영묘인 '아느트카비르'를 찾아 길을 나섰다. 앙카라에 온 날부터 맑은 날이 계속되어 그나마 겨울 추위를 견디고 있다. 대로를 따라가다가 고개 하나를 넘으니, 숲이 있는 언덕 위에 우뚝 자리 잡은 아느트카비르의 영묘가 보였다.

아타튀르크Atatürk는 '튀르키예의 아버지'라는 뜻으로 국부를 지칭하며 본래 그의 이름은 '무스타파 케말'이다. 뒤를 이은 자식이 없었기 때문에 오로지 그에게만 붙은 성이고, 호칭이자 존칭이 되었다. 사실 튀르키예를 한 달 넘게 여행하며 도시 곳곳에서 본 아타튀르크의 기념비에서 튀르키예인들의 사랑과 존경을 느낄 수 있었다. 국가적 영웅에 대한 찬양은 어느 나라나 마찬가지겠지만, 튀르키예는 좀 더 강한 듯했다. 아직까지 이 나라에선 그에 대해 모욕을 하면 범죄가 되는 법률이 있다. 그렇다면 무스타파 케말 아타튀르크는 어떤 사람이었을까.

무스타파 케말은 오스만 제국의 말기인 1881년, 오늘날 그리스의 테살로니키의 중산층 가정에서 태어났다. 오스만 제국의 육군사관학교를 나와 장교로서 군인의 길을 걷게 된 그는 풍전등화의 오스만 제국 상황 속에서 전공을 세우며 진급을 거듭했다. 그가 역사 속에 각인된 것은 아마도 1차 세계대전 중 벌어진 차낙칼레 전투에서의 승리일 것이다. 오늘날 갈리폴리 전투로 알려져 있다. 당시 전력상 열세임에도 불구하고 연합군에게 커다란 패배를 안겨주었다. 하지만 그의 승전보가 1차 세계대전에서 오스만 제국이 패배하는 것까지는 막지 못했다. 이후 연합군이 오스만 제국을 해체하고 튀르키예 본토를 분할하려고 시도하자 튀르키예 국민운동을 이끌며 저항했다. 그는 나약하고 무능한 오스만 제국을 등지고 앙카라에 임시정부를 세웠다. 이후 튀르키예 독립전쟁에서 승리해 외세를 몰아냈다. 이때 1차 세계대전의 패배로 어쩔 수 없이 맺었던 세브르 조약을 무효화시키고 새롭게 맺은 로잔 조약을 통해 국토를 수호했다. 이후 쇠약해진 오스만 제국을 폐지하고 그 자리에 튀르키예 공화국을 세웠다. 그리고 초대 대통령이 되어 근대적 국가의 초석을 위해 서구화 개혁을 추진했다. 이때 정교분리와 세속주의를 표방해 이슬람 종교와 거리를 두었고 과거 오스만 제국 시대와 결별했다. 수많은 개혁들을 통해 오늘날의 튀르키예를 이끈 그는 1938년 11월 10일 오전 9시 5분 돌마바흐체 궁전에서 57세의 나이로 운명했다.

아느트카비르는 사후 15년이 지난 1953년에 완성되어 공식적으로 영묘가 되었다. 원래 천체 관측소가 있던 자리였기 때문에 '관측소 언덕'이라는 뜻의 라사트테페 Rasattepe로 불렸지만, 오늘날에는 '영묘 언덕'이라는 뜻의 아느트테페 Anıttepe로 불린다. 멀리서 봐도 마치 그리스 신전처럼 보였는데, 아마도 고대 7대 불가사의 건물 중 하나인 할리카르나스에 있는 마우솔레움 Mausoleum을 모델로 삼았기 때문일 것이다.

아느트카비르

드디어 아느트카비르 Anıtkabir에 도착했다. 입구에서부터 소지품 검사를 하고 있었다. 아마도 튀르키예의 상징이기 때문인지 보안을 철저히 하기 위해 아느트카비르 사령부 소속 군인들이 지키고 있었다. 입구를 통과해 가는 길에는 나무들이 우거진 숲이 있었는데 평화공원 Barış Parkı이다. 영묘가 조성되기 전 라사트테페에는 나무가 하나도 없는 불모지였는데, 세계 여러 나라와 튀르키예 여러 지역에서 가져온 묘목으로 숲이 우거진 공원으로 만들었다. 길 한쪽에는 아느트카비르의 전체 배치도가 그려져 있었다. 아느트카비르는 직사각형의 의식 광장 Tören meydanı을 중심으로 북동쪽의 제단 위로 아타튀르크의 무덤이 있는 명예의 전당 Şeref Holü과 남서쪽으로 길게 뻗은 사자의 길 Aslanlı Yolu이 있어 의식 광장과 만나게 되어 있었다. 의식 광장이 중앙에서 중심을 잡고 있지만 중요한 곳은 영묘가 있는 명예의 전당이다.

아느트카비르의 큰 건물이 나왔다. 계단을 올라 거대한 튀르키예 깃발 아래를 지나갔다. 의식 광장은 굉장히 넓은 사각광장이었고, 주랑으로 이어진 건물들로 둘러싸여 있었다. 오른쪽으로 영묘의 핵심 건물인 명예의 전당이 제단 위에 우뚝 서 있었다. 정말 웅장한 기념물이었다.

그런데 멀리서 보았을 때는 그리스 신전 같았는데 가까이에서 보니 달랐다. 우선 그리스 신전의 삼각 페디먼트(Pediment)[100]가 없었다. 그리고 신전을 받치고 있는 기둥이 둥글지 않고 장식이 없는 사각기둥이었다. 더구나 그리스 건축물의 매끈하고 밝은 대리석이 아니라 노란색 트래버틴(Travertine) 대리석으로 마치 고대의 거석 건축물 같은 느낌을 주었다. 영묘를 건축할 때 고대 아나톨리아의 전통을 따랐다고 하는데 그 의미를 알 것 같았다.[101]

때마침 근위대 교대식이 있어서 명예의 전당 계단으로 근위대 대원들이 열 맞춰 내려오고 있었다. 그들의 모습을 사진에 담으며 명예의 전당으로 발길을 옮겼다. 계단 중앙에 흰색 대리석 연단이 놓여 있었는데 거기에 새긴 글귀가 우리의 눈길을 사로잡았다. 튀르키예 공화국의 건국원칙이었다.

"HAKİMİYET KAYITSIZ ŞARTSIZ MİLLETİNDİR."
(주권은 무조건 국민에게 있다.)

---

100 고전 건축의 지붕 마감장식으로 건물의 정면 상단에 있는 삼각형 부분을 말한다.
101 튀르키예 건축사에서 1940년에서 1950년 사이를 "제2의 국가건축시대"라고 한다. 이 시기에 지어진 건축물은 대칭성을 중시하고 절단된 석재를 사용하는 것이 특징이다.

아타튀르크의 근대국가 정신을 가장 잘 드러내는 말이다. 영묘 곳곳에는 아타튀르크의 어록이나 연설이 벽면에 새겨져 있었는데 명예의 전당 입구에서도 여러 글들이 보였다. 거대한 벽면에 새겨진 글씨 아래에는 근위병이 멋진 자세로 서 있었다.

거대한 청동 문을 통해 '명예의 전당' 안으로 들어갔다. 내부 홀 중앙에는 유리로 된 벽감 안에 아타튀르크의 석관이 놓여 있었다. 석관은 거대한 대리석으로 되어 있었는데, 이것은 가묘이고 실제 무덤은 석관 아래 매장실에 있다. 명예의 전당은 천장을 가로지르는 대들보 장식 외에 눈에 띠는 부차적 장식이 없어 근엄하고 경건한 분위기를 자아내고 있었다.

명예의 전당을 나와 넓게 펼쳐진 의식 광장을 바라보았다. 광장을 에워싼 건물 각 모서리에는 사각탑이 있었다. 여기 뿐만 아니라 영묘 주위에는 총 열 개의 사각탑이 있는데 그 안에는 각각의 탑 이름에 맞게 아타튀르크의 어록이 벽면에 장식되어 있다. 먼저 '국민협약의 탑'으로 들어갔는데, 아타튀르크 및 독립전쟁 박물관 Atatürk ve Kurtuluş Savaşı Müzesi 이었다. 박물관은 총 네 개의 섹션으로 나뉘어져 있었다. 첫 번째 섹션에는 아타튀르크의 개인 소지품들과 밀랍인형이 전시되어 있고 두 번째와 세 번째 섹션에는 차낙칼레 Çanakkale 전투와 사카르야 Sakarya 전투 및 대공세 Büyük Taarruz 의 전투도 전시되고 있었다. 30~40미터 길이의 긴 파노라마 그림 앞에는 전쟁에 사용된 총, 대포, 수레 등이 함께 전시되어 있고, 마치 전쟁터에 있는 것처럼 대포 소리, 호루라기 소리, 칼날 맞부딪치는 소리, 말발굽 소리와 같은 전쟁 효과음도 생생하게 들려왔다. 그리고 가운데에는 독립전쟁에 참전했던 장군들의 초상화와 전쟁 장면을 그린 대형 그림들이 걸려 있었다. 그중 '튀르키예군의 이즈미르 입성'에는 코낙 광장을 배경으로 그려져 있어 반가웠다. 그만큼 이즈미르가 튀르키예 독립전쟁의 상징적인 공간이었음을 알 수 있었다.

회랑을 지나칠 때쯤 모니터 영상이 보여 걸음을 멈추었다. 조용히 그 앞을 지키고 있는 안내원에게 혹시 아타튀르크의 무덤이냐고 물으니 고개를 끄덕였다. 아타튀르크의 실제 매장실을 실시간 영상으로 보여주고 있었다. 영상을 살펴보니 실내 공간 가운데 석관이 있고 주위에 작은 금속 항아리들이 놓여 있었다. 그 안에는 튀르키예 전역에서 보내온 흙이 들어 있다고 하는데, 거기엔 한국 부산 유엔기념공원의 튀르키예군 매장지에서 가져온 흙도 있었다. 한국전쟁에 참전해 피 흘린 튀르키예군인들의 넋을 위로하기 위한 것이었는데, 튀르키예와의 인연을 다시 확인하는 자리였다. 안내원에게 허락을 받아 살짝 사진에 담았다.

회랑 중간마다 있는 아치형 볼트 공간은 총 18개로 아타튀르크가 개혁한 내용이 설명되어 있었다. 튀르키예 공화국 건립 후 국가의 근대화를 위해 실행한 개혁들이다. 문자혁명, 도량형 통일, 철도, 항만, 도로, 의료, 교육, 국방 등에 걸쳐 튀르키예 국가가 세워지는데 초석이 되었다. 아타튀르크는 군인으로서 튀르키예 독립을 지휘했을 뿐 아니라, 전근대적 국가인 오스만 제국과의 오래된 사슬을 끊고 초대 대통령으로서 근대적 튀르키예 국가를 건설했다. 도저히 한 인물의 역량이라고 볼 수 없을 정도의 큰 과업을 이루어냈다. 아마도 이것이 오늘날까지 튀르키예 국민들이 보내는 아타튀르크를 향한 존경과 사랑의 이유일 것이다. 마지막으로 아타튀르크의 개인 서재를 관람하고 박물관을 나왔다.

다시 의식 광장으로 나왔다. 박물관 안에 있다가 밖으로 나오니 햇살 뒤로 파란 하늘이 눈부셨다. 명예의 전당의 맞은편 회랑에도 한 석관이 놓여 있었다. 아타튀르크의 오른팔이자 가장 친한 동료였으며, 2대 대통령을 역임했던 이스메트 이뇌뉘İsmet İnönü의 묘이다. 아타튀르크는 혼자서 튀르키예 건설을 이루지 못했을 것이다. 그를 따르는 수많은 동료와 부하들이 있었기에 그 모든 전쟁에서의 승리와 근대국가의 건설을 위한 개혁들을 이뤄낼 수 있었을 것이다. 아타튀르크와 함께 아느트카비르에 유일하게 묻힌 이뇌뉘의 묘는 그들 모두를 대표하고 있다.

회랑건물에서 눈길을 돌리자 앙카라 시내가 내려다보였다. 이곳은 앙카라에서도 비교적 높은 곳에 위치한 언덕이다. 명예의 전당 뒤로 멀리 앙카라 성도 보였다. 아마도 튀르키예인들은 앙카라가 내려다보이는 이 언덕 위에 아느트카비르를 건설하면서 아타튀르크가 오래도록 튀르키예를 지켜주길 바랐을 것이다. 아타튀르크의 튀르키예 건국정신이 혼잡한 오늘날의 튀르키예에 희망의 등불로 지속되기를 바라면서 언덕을 내려왔다.

ANKARA-4

앙카라의 1번지
- 크즐라이 광장과 코자테페 자미 -

크즐라이 광장

크즐라이 광장Kızılay Meydanı으로 천천히 걸어갔다. 아느트카비르에서 만난 아타튀르크와 튀르키예의 현대사를 잠시 정리하고 싶었기 때문이다. 그리고 어느새 광장에 도착했다.

광장의 공식적인 이름은 '7월 15일 크즐라이 국민적 결단15 Temmuz Kızılay Milli İrade 광장'이지만 여전히 '붉은 초승달'이라는 뜻의 크즐라이Kızılay 광장으로 불리고 있다. 크즐라이 광장은 앙카라에서 교통의 요충지이자 가장 번화한 거리 중 하나로 오늘날 앙카라의 중심이다. 주말이라 많은 사람들이 거리를 가득 메우고 있어 길을 걷는 게 아니라 떠밀려가는 것 같았다. 우리는 잠시 한쪽으로 물러나 광장을 바라보았다. 도심의 광장이 늘 그렇듯 이 광장도 시민들의 정치적 활동의 중심지였다. 1960년에 일어난 공화국 역사상 최초의 시민 불복종 운동이자 학생시위 운동이었던 '555K'도 이곳에서 일어났다. 지금도 민주화운동의 상징적 공간이 되고 있다.

수많은 인파를 뚫고 크즐라이 광장에서 아타튀르크 대로를 건너 먹을거리 골목으로 들어섰다. 몇 번 지나다보니 이 거리도 조금은 익숙해졌다. 근처에 있는 튀르키예 최대 서점이자 가장 오래된 서점인 도스트 키타베비 Dost Kitabevi를 찾아 나섰다. 서점을 구경하고 싶기도 했지만 튀르키예의 대학 도시인 앙카라의 문화적 수준도 궁금했기 때문이다.

서점은 굉장히 넓었다. 유리로 된 천창에는 파란 하늘이 보였고 가운데에는 나무를 심어 놓았다. 책은 여러 파트로 진열되어 있었지만 여기서도 취업과 시험 관련 책들 앞에 많은 사람들이 몰려 있었다. 취업이 만국의 공통된 관심사이지만 왠지 마음이 씁쓸해졌다. 서점이 교양과 지적인 향상을 위한 공간이 되는 게 점점 더 어려워지고 있다. 다른 코너에서 오르한 파묵의 소설 《눈》과 《검은 책》을 만나 반가웠다.

코자테페 자미

크즐라이 광장에서 가까운 곳에 있는 모스크를 찾아갔다. 앙카라의 대표적인 모스크 중 하나로 규모로나 건축적으로나 가장 압도적인 모스크인 코자테페 자미 Kocatepe Camii였다. 도시 어느 곳에서도 보여서 앙카라의 스카이라인을 이루고 있다. 그런데 모스크를 찾아가는 길이 쉽지 않았다. 골목 사이로 모스크의 미나레트는 보이는데 계속 막다른 골목을 만나서 다시 돌아 나와야 했다. 그러다 겨우 모스크를 찾아 들어서는데, 큰 광장 아래로는 도로가 연결되어 있었다.

　코자테페 자미는 1987년 코자테페 지역에 문을 연 모스크로, 동시에 24,000명의 신도를 수용할 수 있는 규모이고 완공하는 데 무려 20년이 걸렸다. 거대한 중앙 돔에 세미돔이 붙은 오스만 고전 건축양식을 따랐는데, 이스탄불에 있는 블루 모스크, 술탄 아흐메트 자미를 본뜬 디자인이라고 한다. 그래서 어디선가 많이 본 듯한 느낌이 들었나보다. 모스크 주위에는 네 개의 미나레트가 하늘 높이 솟아 있었는데 각각 세라페가 세 개씩 있었다.

　예배당 안으로 들어갔다. 모스크 내부는 어마어마하게 크고 화려했다. 천장에는 중앙 돔과 네 개의 세미 돔이 있고, 그 아래 세 개의 작은 세미 돔이 받치고 있었다. 각 돔 아래에는 작은 창문들이 이어져 있었는데, 수많은 창문들에서 들어온 빛들이 예배당의 공간을 밝게 비춰주었다. 그뿐만 아니라 돔과 이어진 아치 모양의 벽에는 모두 스테인드글라스로 장식되어서 내부는 그야말로 빛들의 향연이 펼쳐지고 있었다. 키블라 벽을 제외한 측면과 후면 벽에 붙은 테라스에는 여성들의 예배공간으로 마련되어 있었다. 대개 규모가 큰 모스크에서 볼 수 있는데 보통은 2층이지만 여기에는 3층 구조의 테라스로 되어 있었다. 게다가 중앙 돔 아래 커다란 샹들리에 주위로도 수십 개의 샹들리에가 원을 그리듯 매달려 있는 것이 매우 독특했다. 황금 장식을 한 미흐랍과 스테인드글라스, 형형색색의 타일도 키블라 벽면을 화려하게 장식하고 있었다. 거기에 붉은색 카펫은 거대한 예배당의 화려함에 정점을 찍었다.

모스크와 아타튀르크 정신

예배당을 나와 모스크 앞에 있는 벤치에 앉았다. 이번 여행에서 만났던 수많은 모스크들을 떠올려 보았다. 모스크들을 방문하면서 아름다움과 경건함에, 때로는 거대함과 화려함에 매료되었다. 이렇게 다양한 모스크들을 보니 유럽의 성당들에 비견할만한 했다. 비록 종교는 다르지만 신을 경배하는 방식에 있어서는 그다지 다르지 않을 것이다. 그동안 낯설었던 이슬람 종교에 대해 더 열린 마음이 생겼다. 젤랄레딘 루미가 말했던 것처럼 모든 종교에 대해 관용과 이해가 있다면 이 세상이 조금 더 평화롭지 않을까 생각했다.

하지만 오늘날 그 길은 점점 더 쉽지 않아 보인다. 오늘날 튀르키예에서는 현 정권이 종교적 활동의 강화를 통해 이슬람 보수주의를 부추긴다는 우려가 나오고 있다. 튀르키예 공화국이 건립될 때 세운 정교분리와 세속주의의 원칙을 깨고 보수반동적인 포퓰리즘을 부풀린다는 것이다. 각 도시마다 세워지는 거대하고 화려한 모스크들을 정부가 앞장서서 건립하고 있는 것이 대표적인 예이다. 그리고 건립된 모스크의 건축양식은 묘하게도 오스만 고전양식이다. 아타튀르크의 튀르키예 공화국이 그렇게 선을 긋고 단절하고자 했던 바로 그 오스만 제국 시절의 양식인 것이다. 보수반동적이라는 오해를 충분히 살만한 흐름이라고 볼 수 있다. 그렇게 본다면 정말로 우려스럽지 않을 수 없다. 왜냐하면 종교가 정치와 분리되어서 호혜의 원리가 적용되지 않는다면 그 피해는 올곧이 힘없는 국민에게 돌아간다는 것을 우리는 역사를 통해 익히 알고 있기 때문이다.

그렇다고 해서 새로 건립되는 모스크에 대해 무차별적 비난을 던지는 것은 또 다른 문제일 것이다. 튀르키예를 여행하며 알게 된 것은 이슬람 사회에서 모스크와 퀼리예가 호혜의 원칙으로 운영되는 지역 공동체의 중심이라는 것이다. 자본주의 사회의 병폐로 인해 소외받는 사회적 약자들을 위한 공간이 되고 지역 공동체 활동의 토대로 작용할 수 있을 것이다. 그러기 위해서는 더욱 정치와 거리를 두어야 하고, 과거에 머무르지 말아야 한다. 오늘날의 시류에 맞게 새로워지고 발전해야 할 것이다.

코자테페 자미의 건설에 얽힌 흥미로운 이야기가 있다. 모스크의 건축을 위한 공모에서 웨다트 달로카이Vedat Dalokay[102]의 설계안이 당선되었는데, 당시 너무 현대적이라는 이유로 기초공사 중에 다른 설계안으로 바뀌었다. 전통적 이미지에서 많이 벗어났다고 배척당했던 것이다. 그리고 전통적인 오스만 고전양식으로 건설되었다. 그런데 철회되었던 웨다트 달로카이의 모스크 설계안은 파키스탄으로 건너가 건설되었다. 바로 파키스탄 수도 이슬라마드에 있는 세계적으로도 유명한 '파이잘 자미Faysal Camii'다. 7만 4천명을 수용할 수 있는 규모의 모스크는 전통 모스크와는 달리 특이한 건축물이었다. 일반적인 둥근 돔이 아니라 각진 피라미드 텐트 모양을 하고 있는데, 현대적인 개념의 창 구조로 빛과 공기가 모스크 내부로 흐른다고 한다. 10년에 걸친 공사로 1986년에 완공한 모스크는 오늘날까지도 세계 10대 모스크 중 하나로 꼽힌다.

오늘날 코자테페 자미는 앙카라의 스카이라인을 이루며 랜드마크로

---

102 웨다트 달로카이(Vedat Dalokay)는 혁신적인 모스크 디자인을 한 건축가였으며, 다수의 건축 디자인이 채택되어 튀르키예뿐만 아니라 사우디와 파키스탄에 건설되었다. 한때는 앙카라 시장을 역임했고, 문학에도 관심이 있어 소설《콜로(Kolo)》로 아동문학상을 수상하기도 했다.

자리 잡았다. 하지만 이 모스크는 앙카라에서만 알려진 거대한 모스크일 뿐이다. 이들이 놓친 것은 세계 10대 모스크라는 명성만이 아닐 것이다. 아마도 그들이 잃은 것은 미래를 향해 두려움 없이 나아가는 아타튀르크의 정신이 아니었나 싶다.

서서히 저무는 햇살이 코자테페 자미의 미나레트 꼭대기에 걸렸다. 앙카라 여행은 여기까지다. 내일은 이번 튀르키예 여행의 원점인 이스탄불로 돌아간다. 오늘은 무척이나 아쉬운 밤이 될 것 같다.

낯선 풍경과의 조우

Ankara → Istanbul

    오늘은 앙카라를 떠나 이스탄불로 돌아가는 날이다. 새벽 일찍 숙소를 나섰다. 거리엔 아직 가로등이 켜져 있었지만 오늘은 그나마 날씨가 춥지 않아 다행이었다. 무거운 배낭을 메고 크즐라이 역까지 꽤 긴 거리를 힘내어 걸었다. 역 가까이로 갈수록 출근하는 사람들, 빵을 파는 사람들로 북적이고 있었다. 잠시 활기찬 거리를 바라보았다. 오늘도 앙카라의 하루는 그렇게 시작되고 있었다.

    버스는 정시보다 늦게 출발해 앙카라의 고층빌딩 사이를 이리저리 빠져나갔다. 고속도로에 진입한 버스는 이스탄불을 향해 중간 기착지 없이 곧장 달렸다. 주유소와 휴게소에서만 한 번 쉬고는 줄곧 내달렸다. 이동하는 동안 아나톨리아의 북단을 조금이라도 맛볼 거라 기대했지만 바깥에는 산과 언덕, 평야들이 나타났다 사라지곤 했다. 도중에 '볼루 Bolu'

라고 써진 표지판을 보고 흑해 가까이를 지나고 있다고 짐작했다. 버스가 달리는 동안 흑해를 보려고 오른쪽 창문을 내내 보고 있었는데 갑자기 왼쪽 창문에서 바다가 보여 깜짝 놀랐다. 그렇다면 벌써 마르마라 해가 나온 것이다. 얼마 지나지 않아 버스는 이스탄불의 아시아 지역에 있는 메트로 사만드라Metro Samandıra 정류소에 정차했다. 여기는 이스탄불을 떠나 이즈미르로 갈 때에 들렀던 곳이었다. 이제부터 우리는 이스탄불에서 나오던 때와 같은 길을 반대로 들어가고 있는 것이다.

야부즈 셀림 대교를 타고 다시 보스포루스 해협을 건넜다. 다시 만난 흑해는 여전히 도도해 그 자태를 다 보여주지 않았다. 보스포루스 해협을 바라보다가 문득 고개를 돌렸다. 멀어지는 아나톨리아를 보기 위해서였다. 아나톨리아와는 여기서 작별이었다. 하지만 추억과 여운을 되새기기에는 시간이 너무도 짧았다. 이미 버스가 다리를 다 건넜기 때문이다. 이스탄불의 유럽 지역으로 건너온 버스는 얼마 후 처음 출발했던 '알리베이쾨이 터미널'에 우리를 내려놓았다. 한 달여 만에 다시 출발점으로 되돌아온 것이다.

한 달여 만에 다시 출발점으로 돌아왔다. 12월에 이스탄불을 떠날 때는 더운 가을 날씨였는데 1월의 이스탄불은 겨울의 가운데에 있었다. 터미널 옆에서 메트로 세르비스 버스를 타고 탁심 광장 입구에 도착했다. 그런데 세르비스 버스에 함께 탔던 한 아프리카 청년이 불안한 표정으로 내내 자신의 스마트폰 지도를 보며 고개를 갸웃거렸다. 여기가 탁심 광장이 맞는지 기사아저씨에게 영어로 묻고 또 물었다. 우리는 보다못해 젊은 친구에게 다가가 탁심 광장이 맞다고 얘기해 주고 함께 내렸다.

ISTANBUL 237

탁심 광장까지는 차가 들어가지 않아 입구에 내린 거라고 하니 그제서야 안심이 됐는지 얼굴에 미소를 지었다. 청년은 알제리에서 왔고 영어 교사라고 소개했다. 계속 스마트폰 지도를 보는 그에게 이스탄불에서 좋은 여행하라고 인사를 전했다. 고맙다는 인사를 연거푸하며 광장으로 뛰어가는 청년을 보며 이제부터 시작할 그의 튀르키예 여행에서 많은 것을 보고 느끼기를 진심으로 바랐다. 우리가 그랬던 것처럼 말이다. 다만 손에서 스마트폰은 내려놓고 이 멋진 도시를 즐겼으면 좋겠다.

한 달 만에 보는 탁심 광장에는 여전히 많은 사람들로 붐볐다. 튀르키예 여행을 시작하는 여행자와 여행을 마치고 떠나는 여행자들이 공화국 기념비의 아타튀르크 동상을 사이에 두고 광장을 오가고 있었다. 우리도 그 광장 속으로 다시 들어갔다.

"보스포루스는 삶에 대한 애착, 흥분, 행복감으로
내 머릿속에서 깊이 합치되었다.
이스탄불의 혼과 힘은 보스포루스에서 비롯된다."

- 오르한 파묵

EPILOGUE

이스탄불에서의 마지막 숙소에 배낭을 내려놓고 다시 거리로 나왔다. 남은 시간이 얼마 없지만 이스탄불과 제대로 인사를 나누고 싶었다. 튀르키예에서의 마지막은 어디가 좋을까하고 생각해보니 갈라타 다리가 아닐까 싶었다. 역사적으로 격정의 공간이자 이스탄불의 독특한 지형을 볼 수 있기 때문이다. 그리고 무엇보다도 이스탄불을 처음 만났을 때의 감동을 한번 더 느끼고 싶었다.

그새 날씨가 추워져서 그런지 이스탄불의 거리는 매우 한적해서 왠지 낯설고 어색했다. 그래도 갈라타 다리 위의 낚시꾼들은 여전했다. 오히려 잡은 생선은 더 많아보였다. 다리 위에서 바라보는 풍경은 그때나 지금이나 감동적이었다. 파티흐 지역 언덕 위에는 쉴레이마니예 자미가 내려다보고 있고, 눈앞에는 예니 자미와 에미뇌뉴 항구가, 조금 떨어진 곳에는 톱카프 궁전과 아야 소피아의 돔과 미나레트가 그림같이 보였다. 뒤로는 페라 지역에 갈라타 탑이 여전히 자신의 존재감을 드러내고 있었고, 그 아래 흐르는 할리치 만의 물결이 보스포루스 해로 흘러가고 있었다. 저 멀리 이스탄불의 아시아 지역에는 우리가 들렀던 위스퀴다르도 보였다. 이런 지형과 유적을 모두 볼 수 있는 곳으로 이 갈라타 다리만한 곳이 없는 것 같다. 다리 중간에 있는 계단으로 내려가 보스포루스와 좀 더 가까운 곳에서 다시 한 번 풍경을 바라보았다.

오르한 파묵은 보스포루스로 산책 나갈 수만 있다면 삶은 그렇게까지 최악은 아니라고 했다.[103] 우리도 이스탄불에 머무는 동안 매일 보스포루스를 눈에 담으며 위안을 얻었다. 그리고 이 바다에 서면 왠지 여러 문명들이 충돌했던 이곳이 현재에도 여전히 살아 움직이는 것만 같았다. 멀리 보스포루스 대교가 보였다. 절로 웃음이 나왔다. 결국 저 다리를 건너지 못했다. 하지만 하나쯤은 남겨놓는 것도 괜찮을 듯싶었다. 그래야 언젠가 다시 와봐야 할 이유가 생기니까 말이다.

그동안의 여행이 파노라마처럼 스치고 지나갔다. 비잔티움 제국과 오스만 제국이라는 두 제국의 수도로서 역사적 흔적이 농후하게 남아있는 이스탄불에서부터, 에게 해에 감싸인 이오니아 지역의 도시이자 19세기 최대의 무역항으로 '이교도의 도시'였던 이즈미르, 고대 도시 에페수스, 지중해를 품에 안은 도시 안탈리아, 메블라나 루미의 수피교 성지이자 모스크의 도시 콘야, 마지막으로 튀르키예 공화국의 시발점이자 수도인 앙카라까지, 모두 숨가쁜 여정이었다.

이번 여행은 두 개의 대륙에 걸쳐있는 문명의 교차로 이스탄불과 아나톨리아 문명을 간직한 도시들을 걸어서 체험한 역사문화기행이었다. 우리가 이 도시들에서 보고 온 것은 단순히 유적만이 아니었다. 공간은 시간 위에 존재하고 시간은 공간으로서 표현된다. 한때 찬란했던 도시문명의 흔적은 역사적으로 존재했음을 증명하기도 하지만 폐허로 남은 유적 속에서 문명의 유한함과 덧없음을 깨닫게 해준다. 사라진 역사와

---

103 "보스포루스에서 노니는 즐거움이란 거대하고 역사적이고 방치된 도시 속에서 살면서 깊고, 힘차고 변화무쌍한 바다의 자유와 힘을 마음속에서 느끼는 것이다.(…) 나는 때로 이렇게 생각한다. '삶이 그렇게 최악일 수는 없어. 여전히 보스포루스로 산책 나갈 수만 있다면.'"
오르한 파묵, 《이스탄불-도시 그리고 추억》, 민음사, 2008

오늘날 남겨진 세계 사이에서 먼지가 보얗게 내려앉은 시간들, 우리의 역사문화기행은 그 시간들을 되짚어보는 귀한 경험이었다.

이제 떠나려니 마음 한 구석이 허전하지만 여행이란 시작이 있으면 끝이 있는 법이다. 그래야 또다른 여행을 시작할 수 있으리라. 저무는 석양에 보스포루스가 붉게 빛나고 있었다. 넘실거리는 보스포루스 바다를 향해 마지막으로 인사를 전했다.

♠

새벽 3시에 일어났다. 튀르키예를 떠나는 비행기가 이른 아침 6시에 있기 때문이다. 숙소에서 체크아웃하고 나오는데 의외로 거리에는 불이 환하게 밝혀져 있고 탁심 광장에는 젊은이들이 벌써부터 장사를 하고 있었다. 이야기를 나누고 노래를 부르는 젊은이들도 보였다. 이스탄불은 쉴새없이 돌아가고 있었다.

우리가 이스탄불에 처음 도착했을 때 내렸던 광장의 정류소에 오니 벌써 버스가 도착해 있었다. 한쪽에서는 관광버스가 시동을 켜놓고 손님을 기다리고 택시들도 줄지어 있었다. 새벽 4시, 버스는 서서히 광장을 벗어나 한적한 도로를 달리기 시작했다. 멀어지는 탁심 광장에 마지막까지 눈길을 거둘 수가 없었다.

이스탄불 시내에서 35km 떨어져 있는 국제공항에 도착했다. 흑해와 가까운 곳에 새로 지은 공항은 예전의 '아타튀르크 국제공항'이 포화상

태여서, 신공항을 지은 후 모든 운항을 이곳으로 옮겼다. 이윽고 이스탄불 국제공항에서 활주로를 탄 비행기는 우리를 태우고 힘차게 이륙했다. 밖은 여전히 어두웠지만 보석처럼 한 모스크가 빛나고 있었다. 공항 입구에 지어진 알리 쿠쉬추 자미Ali Kuşçu Camii였다. 모스크에서 빛나는 돔과 미나레트가 우리가 본 이스탄불의 마지막 풍경이 되었다.

이스탄불은 아직도 새벽이지만 창공 위에 올라서 보니 먼 지평선에서 여명이 시작되고 있었다. 저 멀리 해가 뜨는 곳, '아나톨리아'의 평원에서 오늘의 태양이 떠오르고 있었다. 그 태양빛을 받으며 45일간의 튀르키예 여행이 끝났음을 실감했다.

이제 멀어지는 이스탄불에 작별인사를 보냈다.
저 멀리 아나톨리아 고원에도 "안녕"을 고했다.

호쉬차칼Hoşça kal

참고문헌

계명대학교 실크로드 중앙아시아연구원, 《위대한 유산 아나톨리아》, 청아출판사, 2021
고일홍 외, 《동서양의 접점-이스탄불과 아나톨리아》, 서울대학교출판문화원, 2017
김규섭 외, 《수피즘 : 실크로드를 읽는 문화코드》, 소통, 2016
데이비드 맥컬레이, 《이슬람 사원-인간의 한계를 초월한 위대한 건축물》, 한길사, 2005
로버트 어윈, 《이슬람 미술》, 예경, 2005
로저 클로리, 《비잔티움 제국 최후의 날》, 산처럼, 2015
박인석, 《건축 생산 역사 1》, 마티, 2022
베르나르 올리비에, 《나는 걷는다 1-아나톨리아 횡단》, 효형출판, 2022
브라이언 페이건, 《기후, 문명의 지도를 바꾸다》, 씨마스21, 2021
스티븐 런치만 경, 《1453 콘스탄티노플 최후의 날》, 갈라파고스, 2004
시오노 나나미, 《콘스탄티노플 함락》, 한길사, 2002
어니스트 헤밍웨이, 《헤밍웨이 단편선 2》, 민음사, 2013
에드워드 기번, 《로마제국 쇠망사 6》, 민음사, 2010
오가사와라 히로유키, 《오스만 제국-찬란한 600년의 기록》, 까치, 2020
오르한 파묵, 《이스탄불-도시 그리고 추억》, 민음사, 2008
오르한 파묵, 《다른 색들》, 민음사, 2016
유재원, 《터키, 1만 년의 시간 여행 1, 2》, 책문, 2010
이희수, 《인류본사》, 휴머니스트, 2022
이희수, 《이스탄불 동서양 문명의 교류》, 살림, 2004
이희수, 《이희수의 이슬람》, 청아출판사, 2021
이희수, 《터키 박물관 산책》 푸른숲, 2015
제이슨 굿윈, 《환관 탐정 미스터 야심-예니체리 부대의 음모》, 비채, 2007

제이슨 굿윈, 《스네이크 스톤-비잔틴 제국의 마지막 보물》, 비채, 2008
조너선 블룸 외, 《이슬람 미술》, 한길아트, 2003
조윤수, 《대사와 떠나는 소아시아 역사문화산책》, 렛츠북, 2019
존 줄리어스 노리치, 《비잔티움 연대기 3-쇠퇴와 멸망》, 바다출판사, 2016
존 줄리어스 노리치, 《지중해 5,000년의 문명사-상》, 뿌리와이파리, 2009
존 프릴리, 《이스탄불-유럽과 아시아를 품은 제국의 도시》, 민음사, 2007
진원숙, 《오스만 제국-지중해의 세 번째 패자》, 살림, 2007
찰스 피츠로이, 《18세기 오스만 제국의 수도 이스탄불을 가다》, 시그마북스, 2014
타임라이프 북스, 《음모와 반역의 천년제국-비잔틴 제국》, 가람기획, 2004
홍성우, 《코르도바 대모스크-중세 스페인 이슬람제국의 성소》, 씨아이알, 2024

◐ 인용문 출처

▪ 프롤로그 : 존 프릴리《이스탄불-유럽과 아시아를 품은 제국의 도시》 ▪ 1. 오르한 파묵《이스탄불-도시 그리고 추억》 ▪ 2. 에울리야 첼레비《한 여행자의 기록》 ▪ 3. 제이슨 굿윈《스네이크 스톤》 ▪ 4. 존 프릴리《이스탄불-유럽과 아시아를 품은 제국의 도시》 ▪ 5. 고일홍 외《동서양의 접점-이스탄불과 아나톨리아》 ▪ 6. 고일홍 외《동서양의 접점-이스탄불과 아나톨리아》 ▪ 7. 오르한 파묵《이스탄불-도시 그리고 추억》 ▪ 8. 제이슨 굿윈《환관타정 미스터 야심》 ▪ 9. 오르한 파묵《다른 색들》 ▪ 에필로그 : 오르한 파묵《이스탄불-도시 그리고 추억》

유럽의 도시 기행 ❸
아나톨리아의 도시를 만나다
- 튀르키예 이스탄불에서 앙카라까지 -

발행일	2025년 2월 24일
지은이	소노스(SONOS)
펴낸곳	레겐보겐북스
펴낸이	강석윤
출판등록	제651-2022-000010호
주소	제주시 구남로 2길 27-1 (이도이동)
이메일	pebbles1@naver.com
블로그	blog.naver.com/regenbogenbooks
인스타그램	@regenbogenbooks
ISBN	979-11-978110-5-0 03920

* 잘못 만들어진 책은 구입한 곳에서 교환해 드립니다.
* 이 책의 전부 또는 일부를 재사용하려면 레겐보겐북스의 동의를 받아야 합니다.